Walter Homolka

ÜBERGÄNGE

Walter Homolka

ÜBERGÄNGE
BEOBACHTUNGEN EINES RABBINERS

Patmos Verlag

Für Rabbiner Walter Jacob
Lehrer und Freund

Für die Verlagsgruppe Patmos ist Nachhaltigkeit ein wichtiger Maßstab ihres Handelns. Wir achten daher auf den Einsatz umweltschonender Ressourcen und Materialien.

© 2017 Patmos Verlag,
ein Unternehmen der Verlagsgruppe Patmos
in der Schwabenverlag AG, Ostfildern
www.patmos.de

Umschlaggestaltung: Finken und Bumiller, Stuttgart
Umschlagfoto: © Abraham Geiger Kolleg, Potsdam / T. Barniske
Gestaltung, Satz und Repro: Schwabenverlag AG, Ostfildern
Druck: GGP Media GmbH, Pößneck
Hergestellt in Deutschland
ISBN 978-3-8436-0924-1 (Print)
ISBN 978-3-8436-0925-8 (eBook)

Inhalt

Übergänge gestalten   6
Vorwort von Margot Käßmann

Statt Einleitung: Zehn Fragen an den Autor   13

Pluralität des Judentums   23

Religion und Moderne   61

Juden – Christen – Muslime   93

Land und Staat Israel   153

Gerechtigkeit und Frieden   169

Index der Beiträge   199
Personenverzeichnis   201
Quellen   205
Zur Person des Autors   207

Übergänge gestalten
Vorwort von Margot Käßmann

Zum ersten Mal habe ich Walter Homolka intensiv erlebt, als wir beide an Lebensübergängen standen: Wenige Wochen nach meinem Amtsantritt als Landesbischöfin 1999 kam er mit seinem Vorgänger, Rabbiner Henry G. Brandt, zu mir in die Bischofskanzlei in Hannover, um sich als neuer Landesrabbiner von Niedersachsen vorzustellen. Wir hatten damals ein spannendes Gespräch über das *Abraham Geiger Kolleg,* dessen Mitbegründer und Rektor Rabbiner Homolka ist. Das Rabbinerseminar war eben erst ins Leben gerufen worden, hatte den Lehrbetrieb aber noch nicht aufgenommen. Ich war damals schon begeistert von der Initiative, in Deutschland Rabbiner auszubilden. In der Folgezeit habe ich mit hohem Respekt verfolgen können, wie durch den enormen Einsatz von Rabbiner Homolka und seiner Mitstreiter das Kolleg seine Arbeit aufnahm. Dass in Deutschland nach dem Holocaust wieder jüdisches Leben existiert, Gemeinden gegründet und ihre Rabbiner in diesem Land ausgebildet werden, ist für mich als Christin bewegend und ich bin Rabbiner Homolka dankbar für seinen unermüdlichen Einsatz.

In den kommenden Jahren wurde er für mich zum wichtigen Gesprächspartner, wann immer ich Fragen zum Judentum in Deutschland heute, zur jüdischen Theologie oder auch zur jüdischen Praxis habe. Besonders intensiv wurde unser Austausch, nachdem er mich eingeladen hatte, am 13. November 2013 die Festrede zur Eröffnung der *School of Jewish Theology* an der Universität Potsdam zu halten, deren geschäftsführender Direktor er ist. Zum allerersten Mal wurde damit an einer deutschen Universität der Studiengang »Jüdische Theologie« im Fakultätsrang eingerichtet. Meine Anwesenheit sollte auch ein Zeichen sein, waren es doch nicht zuletzt angesehene protestantische Theologen, die im 19. Jahrhundert jüdischer Theologie an deutschen Universitäten ablehnend gegenüberstanden.

Natürlich wurden auch im 19. Jahrhundert und bis zum Beginn der Schoa Rabbiner in Deutschland ausgebildet. Doch diese Ausbildung konnte sich nicht an öffentlichen Universitäten etablieren, sondern fand in eigenen Seminaren statt: eins in Breslau, zwei in Berlin. Auch gab es an evangelisch-theologischen Fakultäten Nischen für Judentumskunde. Besonderes Gewicht hatte der Lehrstuhl von Hermann Leberecht-Strack in Berlin, der mit seinem *Institutum Iudaicum* hoch angesehen war. Seine »Einleitung in Talmud und Midrasch« war ein Klassiker, er arbeitete mit dem orthodoxen Rabbinerseminar zusammen. Anders als andere protestantische Theologen hatte er sich gegen jedweden Antisemitismus positioniert. In Leipzig gab es zudem das Institut am Lehrstuhl von Franz Delitzsch, nach 1945 wurde es nach Münster verlegt. Aber es waren christliche Lehrstühle, nicht jüdische, und das Berliner Institut hatte zudem den Untertitel »Institut zur Förderung der Judenmission«. Judaistik, jüdische Wissenschaft war ein Appendix. Es gab hier und da jüdische Lehrstuhlmitarbeiter – freie Forschung und Lehre des Judentums war das nicht.

Mit der *School of Jewish Theology* der Universität Potsdam stehen wir am Übergang in eine Zukunft, in der jüdische Theologie als eigenständiges Fach an einer deutschen Universität betrieben wird. Das ist etwas Neues, und ich bin überzeugt: Das wird der Ausgangspunkt sein für eine Begegnung auf Augenhöhe. Uns allen ist bewusst, dass wir einen Dialog der Religionen brauchen. Und genau diesen Dialog kann und soll gerade die Theologie möglich machen. Sie gibt den menschlichen Begegnungen, die ebenso unerlässlich sind, die notwendige Substanz für das Gespräch.

Das Ringen um Gott und die Welt, der wissenschaftliche Zugang zu den heiligen Schriften, die systematische und praktisch-theologische ebenso wie die historische Durchdringung der Religion sind eine Herausforderung im Zeitalter der Aufklärung. Sie gehört an die Universität, um diskursfähig zu sein in der säkularen Welt und sich eben nicht in privat-religiöse Nischen zurückzuziehen. Theologie braucht universitäre Fakultäten – jüdische ebenso wie christliche und islamische.

Das zwanzigjährige Ordinationsjubiläum von Rabbiner Homolka fällt in das Jahr 2017, in dem die Evangelische Kirche Deutschlands das fünfhundertjährige Reformationsjubiläum feiert. Es kann gerade nach der Realität des Holocaust kein Reformationsjubiläum geben, das bei aller Freude über die Errungenschaften der Reformation ihre Schattenseiten nicht benennt. Und gerade die bedrückende Geschichte der christlichen Judenfeindschaft hat in Martin Luther einen furchtbaren Zeugen, so sehr vieles an ihm hochzuschätzen ist. Der Antijudaismus Martin Luthers hat der protestantischen Kirche ein fatales Erbe hinterlassen. Dabei finden sich in seiner 1523 veröffentlichten Schrift »Dass Jesus Christus ein geborener Jude sei« für die damalige Zeit bemerkenswerte Ansichten: Stereotype Vorwürfe gegen die Juden, darunter den des Wucherzinses, weist der Reformator entschieden zurück. Durch jene Schrift Luthers entstand in jüdischen Kreisen die Hoffnung, es könne zu einem Neuanfang im Verhältnis zwischen Juden und Christen kommen. Doch zwanzig Jahre später, 1543, erscheint ein im Duktus völlig anderer Text Luthers. Schon der Titel »Von den Juden und ihren Lügen« verrät, dass es sich um eine Schmähschrift handelt. Luther schlägt darin der Obrigkeit vor, dass sie Synagogen und jüdische Schulen »mit Feuer anstecken«, ihre Häuser »zerbrechen« und die Juden »wie die Zigeuner in einen Stall tun« soll. Diese so unfassbaren Äußerungen werfen auf ihn und die Reformation insgesamt einen Schatten und sollten die Kirche, die sich nach ihm benannte, auf einen entsetzlichen Irrweg führen.

Bis auf wenige Einzelne versagte die Evangelische Kirche in der Zeit des Nationalsozialismus, weil sie Juden und Jüdinnen nicht schützte, sich dem Holocaust nicht vehement entgegenstellte. Erst nach 1945 begann sie – langsam –, den verhängnisvollen Weg des Antijudaismus zu verlassen, eine Lerngeschichte setzte ein. Der jüdisch-christliche Dialog hat neu entdecken lassen, was der Apostel Paulus über das Verhältnis von Christen und Juden schreibt: »Nicht du trägst die Wurzel, sondern die Wurzel trägt dich« (Römer 11,18). Das war für die Evangelische Kirche ein Prozess, der Erschrecken über eigene Irrwege zutage treten ließ und Befangenheit auslöste. Mein Eindruck aber ist, dass immer öfter freie Begegnung möglich wird, die um das Vergangene, um Schuld ebenso wie um Opfererfahrung weiß, aber nicht dort verhaftet bleibt, sondern Übergänge eröffnet in die Zukunft eines Dialogs auf Augenhöhe.

Für solche vertrauensvollen Dialoge, die auch Spannungsvolles nicht ausklammern, stellt sich Rabbiner Walter Homolka gern zur Verfügung. Er ist dabei ein kundiger Gesprächspartner, hat er doch in Vorbereitung seines Rabbinatsstudiums als Jude selbst zunächst protestantische Theologie studiert, drei Jahre bis zum Baccalaureat 1986 an der Ludwig-Maximilians-Universität in München, und danach 1992 am Kings' College in London über Rabbiner Leo Baeck und den deutschen Protestantismus promoviert. Er ist 2017 bei der *Weltausstellung Reformation* an der Vorbereitung des Themenbereiches »Dialog der Religionen« beteiligt. Mit dabei sind neben Juden und Christen auch Muslime, und dieser Trialog macht die Kommunikationsfähigkeit von Walter Homolka noch einmal besonders wahrnehmbar.

Ich habe von ihm viel gelernt über die jüdische Luther-Rezeption, die vor dem Nationalsozialismus offenbar bemerkenswert wohlgesonnen Luthers Stellung zu den Juden betrachtete. Es war ein Rabbiner, nämlich Reinhold

Lewin, der 1911 die erste wissenschaftliche Monografie zu diesem Thema veröffentlichte. Luther sei deswegen für das Judentum interessant, weil er den nach Gott suchenden Menschen in den Mittelpunkt stellt, so der Rabbiner. Das Judentum habe von der Reformation profitiert, sagt Homolka. Er kennt sich aus in der Geisteswelt des 19. Jahrhunderts, als Luther im Zuge der jüdischen Aufklärung zum Symbol und Ausgangspunkt geistiger Freiheit stilisiert wurde. Er ist auch ein großer Kenner der Theologie Leo Baecks, dessen Klage ich teile: »Es ist ein geistiges und moralisches Unglück Deutschlands, dass man aus dem Deutschtum eine Religion gemacht hat.« Die Reformation habe die Religion an den Staat ausgeliefert, meinte Baeck – eine diskussionswürdige These, die Rabbiner Homolka wieder ins Gespräch bringt. Dabei sind »Verstaatlichung« und »Privatisierung« zwei Entwicklungen, die beide zu vermeiden sind. Ich teile seine Bedenken, dass sich Religion ins Private verflüchtigen könnte. Homolka sieht Parallelen zwischen liberalem Judentum und liberalem Christentum: Beide müssen immer wieder erklären, auf welche Weise sie ihrer Tradition treu sind.

Wir leben in einer Zeit der Übergänge, auch was die Gestalten und Erscheinungsformen der Religionen betrifft. Dabei hat Walter Homolka nach zwanzig Jahren im Rabbinat eine große Weitsicht und Geduld. Er wünscht sich Veränderungen und Entwicklung des Judentums wie der Kirchen – aber weiß auch, dass es immer wieder längere Durststrecken gibt. Das muss nicht beunruhigen, sondern kann mit Zuversicht ertragen werden.

Immer wieder meldet sich Walter Homolka zu Wort; einige dieser Wortmeldungen sind in diesem Buch versammelt. Ich freue mich auf das Buch, in dem sowohl programmatische Beiträge als auch Notizen und Beobachtungen aus den vergangenen Jahren zusammengestellt sind, und ich bin gespannt auf seine Anregungen, was er zur Pluralität des Judentums, zu Religion und Moderne, zum Dialog der Religionen, zu Land und Staat Israel sowie zu Gerechtigkeit und Frieden zu sagen hat. Ein Ringen, durchaus auch Streiten um diese Themen ist hilfreich in einer Zeit, in der Fundamentalismus um sich greift. Eigenes Denken und Fragen, ja Streit um die Wahrheit sind notwendig gegen jede Form von Fundamentalismus. Frei denken zu können, Religions-, Meinungs- und Redefreiheit sind ein hohes Gut. Ohne gemeinsames Denken und Ringen landen wir in isolierten Sackgassen.

Walter Homolka und ich sind uns immer wieder an Lebensübergängen begegnet. Am allermeisten schätze ich seinen Humor, mit dem er auch schwierige Gespräche entspannen kann. Solch eine Haltung, mit der ein Mensch auch einmal über sich selbst lachen kann, wünschte ich mir in manch anderem Gespräch. Seit zwanzig Jahren wirkt er als Rabbiner in Deutschland. Darüber freue ich mich und bin dankbar. Sein Wirken kann für alle zum Segen werden, und diesen Segen wünsche ich ihm persönlich als christliche Theologin von Herzen.

Statt Einleitung: Zehn Fragen an den Autor

Herr Homolka, Sie stammen aus einer kleinen Stadt in Niederbayern. Heute leben Sie in Berlin. Hatten Sie einen guten Start ins Leben?
Ich bin in Landau relativ behütet aufwachsen und habe mich auf die Schule konzentrieren können. Mein Lebensweg ist ein Beispiel dafür, dass bis in die 1980er Jahre jemand aus einer Kleinstadt mit einem normalen Gymnasialabschluss etwas erreichen kann. Nachhaltige Erfolge sind meistens keine Wunder, sondern das Ergebnis konsequenten und beharrlichen Arbeitens. Die Frage ist doch, ob man bereit ist, Herausforderungen anzunehmen und sie erfolgreich zu bewältigen. Ich arbeite heute in der Auswahl für die Stipendiaten der Studienstiftung des Deutschen Volkes und des Ernst Ludwig Ehrlich Studienwerks mit. Dort sehe ich, dass es Großstadtkinder oft schwerer haben bei all den Ablenkungen. Ich habe es jedenfalls nie als Nachteil angesehen, dass ich aus einem kleinen Städtchen komme.

Was haben Ihnen Ihre Eltern mitgegeben?
Die Beharrlichkeit, die sie bei Projekten an den Tag gelegt haben, aber auch das konziliante Herangehen und das Organisationstalent. Ich verdanke aber auch meinen Lehrern einiges und bin ihnen dankbar, weil sie Persönlichkeiten gewesen sind, die wiederum Persönlichkeiten formen konnten.

Wie kam es, dass die jüdische Religion zu Ihrem Lebensmittelpunkt wurde?
Ich komme aus einem religiös wenig gebundenen Elternhaus. Mein Vater lernte meine Mutter bei einer Rede Kurt Schumachers vor Sozialdemokraten und Gewerkschaftlern in der Passauer Nibelungenhalle kennen. An unserer Schule gab es aber einen faszinierenden Religionslehrer, den Prälaten Helmuth Schuler. Wir nannten ihn nur den »Guru«. Er hat uns ermuntert, den Fragen des Lebens nachzuspüren: warum wir hier sind, was unsere Aufgabe im Leben ist, wohin wir gehen. Und er hat uns zu Aufgeschlossenheit und Neugier ermuntert. Dafür bin ich ihm noch heute dankbar. Dadurch hatte ich die geistige Freiheit, mich mit etwa zwölf Jahren in der Israelitischen Kultusgemeinde von Straubing zu engagieren. Als ich religiös mündig geworden war, bin ich bald darauf formal eingetreten.

Wie sind Sie nach Ihrem Studium zunächst zum Investment Banking gekommen?
Ich bin nach einem Studium der Theologie, Philosophie und Judaistik eher zufällig ins Bankenwesen hineingerutscht: durch ein Praktikum bei der *Bayerischen Hypotheken- und Wechsel-Bank,* das mir »Student und Arbeitsmarkt« für Geisteswissenschaftler der Ludwig-Maximilians-Universität München vermitteln konnte.

Eigentlich hätte ich in der Personalabteilung anfangen sollen. Irgendwie kam ich aber ins Wertpapiergeschäft. Als der Irrtum bemerkt wurde, war ich schon so integriert, dass mich meine Kollegen nicht mehr hergeben wollten. Ich war positiv aufgefallen durch mein ehrliches Interesse an allen Aufgaben in der Abteilung, und wenn sie noch so unbedeutend schienen. Ein Kollege formulierte das so: »Es ist erfreulich, mal einen Praktikanten zu haben, der nicht schon alles weiß, sondern offen und neugierig ankommt, um zu lernen und die Praxis durch Praktiker kennenzulernen.«

Ende der 1980er Jahre wurde ein Thema wichtig: Möglichkeiten des ethisch verantwortlichen Investments. Ein Theologe wie ich konnte da Investmentfondsmanager bei der Portfolioauswahl unterstützen. Es ging darum, Firmen auszuwählen, die versuchen, ihre Renditeziele zu erreichen, und dabei soziale und ökologische Standards einhalten. Die Kriterien für solche »Gerechtigkeit im wirtschaftlichen Handeln« waren erst mühsam zu definieren. Ich hatte es mir zur Aufgabe gestellt nachzuweisen, dass sich wertorientiertes Verhalten in der Wirtschaft auszahlt und nicht durch Renditeeinbußen »bezahlt« werden muss. Daraus entstand der erste ethische Investmentfonds Deutschlands, der »H.C.M. Umweltfonds«.

Aus dem Investment Banking hat es Sie dann in die Welt der Medien verschlagen. War das nicht ein ziemlicher Kontrast?
Meine Funktion als Vorstandsassistent bei Bertelsmann erforderte den Willen zur Exzellenz, aber auch die Bereitschaft, sich durchzusetzen. Die Zeit dort hat mich vor allem mit vielen spannenden Menschen zusammengebracht.

In der Buchbranche geht es um Autoren und Inhalte. Und wie man ein öffentliches Forum für beide findet. Das war schon eine enorm stimulierende Zeit, für die ich sehr dankbar bin.

Ich habe in der Industrie aber auch gelernt: Nicht jedes rational vorgetragene Sachargument dient dem Wahren, Guten und Schönen und soll die Unternehmenskultur fördern. Man muss erkennen können, dass eine vermeintliche Effizienzinitiative des Leiters der Nachbarabteilung beim Vorstand letztlich darauf abzielt, sich meine Mitarbeiter unter den Nagel zu reißen.

Dieses Umdenken, Doppelbödigkeit des Handelns zu entlarven und geeignete Gegenmaßnahmen parat zu haben, fällt gerade Religionswissenschaftlern nicht leicht. Wer darauf ausgerichtet ist, sich allein durch gute Leistungen für Höheres zu empfehlen, wird schnell feststellen, dass seine fachliche Kompetenz und Unverzichtbarkeit geradezu als Hindernis für den Aufstieg im Unternehmen wirken können. Gefragt sind ein gewisses politisches Geschick und hohe Flexibilität. Schnelle Auffassungsgabe ist ebenso hilfreich wie sensible Beobachtung der Situation.

Das klingt nach Kompetenzen, die auch für die Begleitung von Menschen als Rabbiner nützlich sind. Welche Erkenntnisse aus Ihrem Berufsweg sind Ihnen auch als Rabbiner besonders wichtig?
Dass man, um etwas bewirken zu können, auch ein bisschen »reizen« können muss wie beim Kartenspielen. Erfolgversprechende Allianzen sind dabei von Vorteil. Wenn

man tragfähige, verlässliche Koalitionen schmieden kann, versetzt das Berge. Ich habe gemerkt, dass man im Team trotz der schlechtesten Ausgangsvoraussetzungen gewinnen kann.

In meiner Zeit als Geschäftsführer bei Greenpeace Deutschland habe ich vor allem gelernt, dass es sich lohnt, sich für das einzusetzen, was man richtig findet. Dabei muss man den Mut haben, auch neue Wege zu gehen und Trends zu setzen. Ich nehme als Beispiel die Suffragetten, die Anfang des 20. Jahrhunderts für das Frauenwahlrecht gekämpft haben. Damals war das hoch umstritten und gesellschaftlich geächtet, heute führt Angela Merkel unser Land als Bundeskanzlerin. Wenn man für eine Vision kämpft, kann man also nicht immer nur den Ist-Zustand betrachten. Vor allem aber braucht man einen langen Atem. Im Judentum geht es um »Gerechtigkeit«, um den Weg, durch »gerechtes Handeln« Gottes Schöpfung zu bewahren und zu ihrem Ziel zu bringen.

Liegt darin für Sie die besondere Anziehungskraft des Judentums?
Am Judentum hat mich fasziniert, dass es hinter die Ursprünge des Christentums zurückgeht. Seine strenge Orientierung auf den einen, unfassbaren Gott zog mich an. Gott bleibt für den Menschen vollkommen unverfügbar, gleichzeitig gibt er uns Menschen durch die Offenbarung seiner Gebote den Schlüssel zur Bewährung in dieser Welt in die Hand. Damit liegt eine große Verantwortung auf dem einzelnen Menschen, diese Welt zu verbessern, ge-

rechter zu machen und so quasi am Schöpfungswerk Gottes teilzuhaben. Zusätzlich haben mich persönliche Begegnungen sehr beeindruckt, die bis heute prägend sind: Mit dem Religionsphilosophen Schalom Ben-Chorin blieb ich von meiner Jugend an bis zu seinem Tod 1999 befreundet; der aus Augsburg stammende frühere Präsident der amerikanischen Rabbinerkonferenz Walter Jacob hat mich schon als Teenager in Landau gefördert, mich 1997 zum Rabbiner ordiniert und ist heute der geistige Vater des Abraham Geiger Kollegs.

Seit 2002 sind Sie Rektor des Abraham Geiger Kollegs an der Universität Potsdam. Worin liegt für Sie persönlich die besondere Bedeutung des Kollegs?
Das *Abraham Geiger Kolleg* ist das erste Rabbinerseminar in Deutschland seit der Schoa. 1997 gab es die ersten Überlegungen, dass endlich vor Ort dringend benötigte Rabbiner ausgebildet werden müssten. Zwei Jahre später wurde das Seminar gegründet, 2001 hat der erste Jahrgang sein Studium an der Universität Potsdam aufgenommen, 2006 gab es in der Neuen Synagoge von Dresden die erste Ordination seit 1942, als die Nazis die *Hochschule für die Wissenschaft des Judentums* in Berlin zerstört hatten. Bei der Errichtung des Rabbinerseminars haben wir einen präzisen Masterplan verfolgt, wie ich ihn aus meiner Arbeit in der Wirtschaft kenne. Viele Partner und großes Wohlwollen haben die Gründung mitgetragen. Gerade die politische Unterstützung aller im Bundestag vertretenen Parteien hat uns dabei unendlich geholfen. In unserer Arbeit

bemühen wir uns um eine internationale Ausrichtung. Wir bilden für ganz Kontinentaleuropa aus und sogar darüber hinaus. Durch das deutsche Hochschulsystem können wir das ohne Studiengebühren anbieten. Damit sind wir weltweit einzigartig und vor allem hilfreich für die Studierenden osteuropäischer Staaten, die die im angloamerikanischen Raum üblichen Studienkosten niemals aufbringen könnten.

Alles was ich an Erfahrungen im Leben vorher machen konnte, habe ich für die Errichtung des Abraham Geiger Kollegs und für die Stärkung des liberalen Judentums weltweit gut brauchen können. Hier schließt sich ein Kreis. 2006 fand in Dresden die erste Ordination von Rabbinern in Deutschland nach der Schoa statt. Das war ein sehr emotionaler Moment. Ich war beeindruckt, dass weite Teile der Öffentlichkeit davon Notiz genommen haben. Es war ein wirkliches Freudenfest des Neuanfangs. Wenn ich mich an meine Anfänge in der jüdischen Gemeinde in Straubing erinnere vor vierzig Jahren: Da war die Stimmung, dass wir bald zusperren müssen. Mittlerweile herrscht unter den Juden in Deutschland eine gewisse Aufbruchsstimmung. Natürlich auch bedingt durch die große Zuwanderung von Juden aus der früheren Sowjetunion.

Reicht denn die bloße Tatsache der Zuwanderung aus, um den jüdischen Gemeinden in Deutschland eine Zukunft zu geben?

Vor allem ist es wichtig, diese Menschen inhaltlich an das religiöse Gemeindeleben zu binden. Wenn sie nicht die Chance haben, zu lernen, ihre Erfahrungen religiös zu durchleuchten, dann wird die Zuwanderung von 200 000 Kontingentflüchtlingen nur ein kurzes Strohfeuer sein. Gerade deshalb ist die Ausbildung neuer Rabbiner so wichtig. Weil der Rabbinermangel so riesig ist, bilden wir seit 2007 auch Kantoren als Vorbeter und Religionslehrer in Potsdam aus. Dieser Studiengang hat sich ebenfalls gut entwickelt.

Mit der Eröffnung der *School of Jewish Theology* an der Universität Potsdam am 19. November 2013 hat sich schließlich nach fast zweihundert Jahren die Forderung nach der Gleichberechtigung der jüdischen Theologie mit den christlichen Theologien und den Islam-Studien erfüllt. Seitdem bilden wir auch konservative Rabbiner und Rabbinerinnen aus, am Zacharias Frankel College der Universität Potsdam. Ganz wichtig ist auch die Arbeit mit jungen Menschen. Deshalb haben wir das Ernst Ludwig Ehrlich Studienwerk (ELES) als eines von dreizehn Begabtenförderwerken gegründet, die vom Bundesministerium für Bildung und Forschung (BMBF) unterstützt werden. ELES fördert besonders begabte jüdische Studierende und Promovierende. Diese Förderung setzt auf Engagement und Selbstentfaltungsmöglichkeiten. Neben der finanziellen Absicherung hat ELES auch das Ziel, durch Maßnahmen ideeller Förderung jüdische Identität, Verantwortungsbewusstsein und Dialogfähigkeit seiner Stipendiaten zu stärken.

Sie selbst sind sehr aktiv im interreligiösen Dialog, auch Ihr Lehrstuhl an der Universität Potsdam hat einen Schwerpunkt Interreligiöse Beziehungen. Wie erfahren Sie Ihre Gesprächspartner?
Ich bin aktiv im Gesprächskreis Juden und Christen beim *Zentralkomitee der deutschen Katholiken.* Der Gesprächskreis hat gerade ein Buch herausgegeben, an dem jüdische und christliche Wissenschaftler gemeinsam mitgewirkt haben, um eine Reihe christlicher Irrtümer über das Judentum aufzuklären *(Von Abba bis Zorn Gottes. Irrtümer aufklären – das Judentum verstehen, Ostfildern 2017).* Irritation hat für mich vor allem die Neufassung der Karfreitagsfürbitte durch Papst Benedikt XVI. 2007 ausgelöst. Es ist für uns Juden sehr problematisch, wenn in der katholischen Kirche wieder dafür gebetet wird, dass Gott die Juden erleuchten möge. Zwar soll diese Fürbitte nur im sogenannten »außerordentlichen Ritus« verwendet werden, aber sie wurde durch den damaligen Papst eigenhändig verfasst. Das gibt dem Text und seiner theologischen Aussage besonderes Gewicht. Deshalb kam weltweite Kritik, besonders aus Italien, Deutschland und Österreich. Wir bleiben bei unserer Wahrnehmung, dass diese Version der Fürbitte ein Hindernis im Miteinander von Juden und Katholiken darstellt. Die Fürbitte Benedikts XVI. hat dazu geführt, dass konservative Kreise öffentlich die Judenmission propagierten. Wir Juden gehen davon aus: Der Bund Gottes mit seinem Volk ist ungekündigt. Wir hatten eigentlich angenommen, dass die neue Verhältnisbestimmung von Juden und Christen, die das Zweite Vatikani-

sche Konzil und die Erklärung *Nostra aetate* für die katholische Kirche definiert hat, nicht mehr infrage gestellt würde. Papst Franziskus hat deutlich gemacht, dass es mit ihm keine Wende in den freundschaftlichen Beziehungen zwischen Juden und Christen geben werde. Diese Standortbestimmung wird sich im Alltag bewähren müssen.

Vor diesem Hintergrund sind mir die enormen Bemühungen der Evangelischen Kirche in Deutschland wichtig, im Kontext des Reformationsjubiläums 2017 eine gründliche Aufarbeitung des Verhältnisses mit dem Judentum zu leisten. Hier erwähne ich besonders die Erklärung der Magdeburger Synode zur Judenmission vom 9. November 2016, die »Erklärung zu Christen und Juden als Zeugen der Treue Gottes«.

In meiner täglichen Arbeit beschäftige ich mich mit beiden Kirchen und trage gerne dazu bei, dass sich das Verhältnis immer weiter verbessert. Die Herausforderung des Dialogs ist heute, dieses Einvernehmen auch mit dem Islam zu suchen und zu pflegen. Mir war der respektvolle Umgang aller Religionen miteinander immer sehr wichtig, deshalb spielt die interreligiöse Erfahrung bei der Ausbildung unserer Rabbiner eine große Rolle. Ich werde mich auch weiterhin für ein gedeihliches Miteinander auf gleicher Augenhöhe einsetzen.

PLURALES JUDENTUM

Heute Jude sein

Religion muss immer neu den Brückenschlag leisten zwischen dem Althergebrachten, dem Festgelegten und dem Bleibenden auf der einen Seite und dem notwendigen Wandel, der Aktualisierung, dem Schöpferischen auf der anderen. Im Judentum heißt die spirituelle Schöpfungssituation *kawwana*. *Kawwana* besagt das zwanglose Ausschütten des Menschenherzens vor dem himmlischen Gegenüber. Solche Gebete reiner Innerlichkeit waren gängig bis weit ins 9. Jahrhundert unserer Zeitrechnung, als durch das erste jüdische Gebetbuch eine festere Ordnung gesetzt wurde. Der Beginn von Festlegung und Traditionsbildung ist eine notwendige Sphäre des religiösen Lebens, wenn sie in der Gemeinschaft stattfinden soll. Und doch ist religiöse Identität ständig im Fluss. Sie drückt sich als Beziehung aus: zwischen dem Denken der Vergangenheit, der Selbstvergewisserung der eigenen religiösen Gemeinschaft und den Herausforderungen der Gegenwart.

Seit der Aufklärung hat sich das Judentum in mindestens vier religiöse Grundrichtungen entwickelt. In den USA, dem wichtigsten Land der jüdischen Diaspora, rechnen sich seitens der jüdischen Bevölkerung weniger als ein Viertel orthodoxen Strömungen zu, mehr als Dreiviertel dem nichtorthodoxen Judentum, mehrheitlich der Reformbewegung und dem konservativen Judentum (*Masorti Judaism*). Vor allem bei den jüdischen Familien unter 35

Jahren ist das liberale Judentum die vorherrschende Richtung. Damit wächst heute eine Bewegung überdurchschnittlich, die in Deutschland ihren Anfang genommen hatte.

Anders als die Kirchen haben Juden keine Dogmen; die 13 Glaubensartikel des Moses Maimonides (1135/38–1204), die im Mittelalter in Reaktion auf dessen islamische Umwelt festgeschrieben wurden, haben zwar versucht, das Judentum fassbar zu machen, doch Grundlage jüdischer Frömmigkeit ist zunächst die Beachtung der *mizwot*, der Ge- und Verbote, durch die man Gottes Willen in dieser Welt Wirklichkeit werden lässt. Der hebräische Begriff für Glauben, *emuna*, hängt eng mit Treue, Zuverlässigkeit und Wahrheit zusammen; was zählt, ist vor allem das Tun, also die Ethik.

Ein wesentlicher Aspekt, der die liberale Mehrheit des Judentums von der orthodoxen Minderheit trennt, ist der Offenbarungsbegriff. Für das liberale Judentum ist der Offenbarungsprozess nicht abgeschlossen, er schreitet voran, so wie sich der Wille Gottes fortwährend entfaltet. Dieser Offenbarungsbegriff ermöglicht eine Relativierung der schriftlichen Tora durch das Korrektiv der mündlichen Tora, also der interpretatorischen Eingriffe seit der Zeit der frühen Rabbinen. So wird im Judentum die Brücke zwischen vernunftmäßiger Einsicht und dem Text der Hebräischen Bibel geschlagen. Die unterschiedlichen Richtungen innerhalb des Judentums unterscheiden sich in der Intensität, mit der sie diesen interpretatorischen Eingriff für die Moderne zulassen.

Liberale Juden glauben an eine Entwicklungsmöglichkeit und -notwendigkeit der jüdischen Religion in Bezug auf Form und Inhalt, ganz im Sinne der Begründer der jüdischen Reformbewegung im 19. Jahrhundert. Die kastenartige Unterscheidung von *Kohanim* (Priestern), Leviten und einfachen Israeliten, die sich einst aus dem Tempeldienst ergab, wurde im liberalen Judentum ebenso abgeschafft wie die Notwendigkeit eines *Minjans*, eines Quorums von zehn Betern, für das öffentliche Sprechen des Kaddisch-Gebets durch Trauernde. Daneben ist vor allem die religiöse Gleichberechtigung von Männern und Frauen kennzeichnend. Als die Bankierstochter und Sozialarbeiterin Lily H. Montagu 1928 in Berlin als erste Frau in Deutschland in einem öffentlichen Gottesdienst predigte, war das noch eine Sensation. Doch der Funke sprang über: Es war für viele moderne Frauen höchste Zeit, von den traditionellen Frauenemporen der Synagogen herabzusteigen und aktiv und gleichberechtigt in das Gemeindeleben und den Gottesdienst einzugreifen.

Die 1872 von Abraham Geiger (1810–1874) begründete *Hochschule für die Wissenschaft des Judentums* in Berlin zählte mehr und mehr weibliche Studenten, und 1930 erschien dort die Abschlussarbeit von Regina Jonas: »Kann die Frau das rabbinische Amt bekleiden?«. Fünf Jahre später erhielt Regina Jonas (1902–1944) nach zähem Ringen um Anerkennung ihre eigene Ordinationsurkunde: als erste Rabbinerin weltweit. Inzwischen machen Frauen mehr als die Hälfte der Studierenden an liberalen Rabbinerseminaren aus, und auch das Abraham Geiger Kolleg an der Universität Potsdam, das erste Rabbinerseminar in Deutschland seit der Schoa, nimmt Studentinnen auf.

Liberale Juden legen großen Wert auf die persönliche Einübung von Verantwortung und Gewissensentscheidung. Wir müssen selbst im Wissen um die Tradition abwägen, welche Gebote uns im Konfliktfall wichtiger sind. Ist es wichtiger, am Schabbat den öffentlichen Gottesdienst zu besuchen oder am Schabbat nicht Auto zu fahren? Sollten wir an den Hohen Feiertagen durch den Ruf des Schofarhorns zur Buße angehalten werden, oder ist es besser, das Schofar nicht zu hören, weil es an einem Schabbat nicht getragen werden darf? Sollten wir Gebetstexte der Vergangenheit unangetastet lassen, auch wenn sie schon lange nicht mehr das aussagen, was wir für wahr halten? Und wenn wir sie ändern, dann nur in der deutschen Übersetzung oder auch im hebräischen Originaltext? Für die Lösung dieser und anderer Fragen fordert das liberale Judentum den mündigen und an Wissen interessierten Menschen. Mit Judentum *light* hat das nichts zu tun. Rabbiner Leo Baeck (1873–1956) sagte es so: »Den Orthodoxen macht der Schulchan Aruch [ein gängiges religionsgesetzliches Kompendium des Mittelalters] vieles leichter, nur scheinbar schwerer: er hat die fertige Antwort, er hat die fertige Entscheidung; er weiß in jeder Stunde, was er tun soll und wie er es tun soll. Liberal zu sein ist so viel schwerer.«

Leo Baeck steht auch für die Bewusstseinswandlung des liberalen Judentums in Bezug auf *Eretz Jisrael* und den jüdischen Staat. Zionismus war dem liberalen deutschen

Judentum, aber auch der klassischen jüdischen Reformbewegung im Nordamerika des 19. Jahrhunderts fremd. Baeck aber konstatierte 1927: »Für uns ist Palästina kein Problem mehr, sondern eine Tatsache, die Gott vor uns hingestellt hat« und folgerte: »Für Palästina gilt die Frage: Wie soll sich dort das jüdische Leben entwickeln: Soll Palästina übergeben werden einerseits der Orthodoxie, andererseits dem russischen Nihilismus? Hier erwachsen dem religiösen Liberalismus wichtige Pflichten.« Sätze, die auch heute in Israel aktuell sind. Und im übertragenen Sinn auch für Deutschland.

Die Errichtung des *Abraham Geiger Kollegs* (1999) als erster Rabbinerausbildung nach dem Holocaust und der *School of Jewish Theology* (2013) an der Universität Potsdam als erster jüdisch-theologischer Einrichtung mit Fakultätscharakter sind Ausdruck einer selbstverständlichen Teilhabe an den Möglichkeiten der deutschen Gesellschaft – und doch sind sie nicht selbstverständlich. Denn bei der Neugestaltung des jüdischen Lebens nach der Schoa war lange nicht klar, ob sich dauerhaft Erfolg einstellen würde. Schon die Zielformulierung war schwierig. Würde in Deutschland wieder eine jüdische Gemeinschaft Fuß fassen mit Menschen, die hier nicht nur hängengeblieben oder gestrandet sind?

Bereits wenige Wochen nach der Befreiung Deutschlands durch die alliierten Truppen im Mai 1945 bildeten sich in den vier Besatzungszonen jüdische Gemeinden. Am 1. Juli 1945 formierte sich das Zentralkomitee der befreiten Juden in der amerikanischen Zone. Ähnliche Zusammenschlüsse folgten in den anderen Besatzungszonen. 1945 wurden insgesamt 51 Gemeinden wieder gegründet; ein Jahr später gab es bereits 67 jüdische Gemeinden.

Am 19. Juli 1950 gründete sich in Frankfurt am Main der *Zentralrat der Juden in Deutschland*. Es sollte eine Interessensvertretung während der Übergangszeit bis zur endgültigen Ausreise sein. Zu diesem Zeitpunkt lebten im Nachkriegsdeutschland rund 25 000 Juden. Zur Erinnerung: Vor 1933 hatte die jüdische Gemeinschaft in Deutschland etwa 570 000 Personen gezählt. Die Jüdischen Gemeinden aus der sowjetisch besetzten Zone gehörten nur bis Anfang der 1960er Jahre dem Zentralrat der Juden an, der am 27. Februar 1963 als Körperschaft des öffentlichen Rechtes anerkannt wurde.

Der Alltag der Juden, die sich im »Land der Täter« wiederfanden, war von großer Ambivalenz geprägt. In den ersten Nachkriegsjahrzehnten hatten viele Juden das Gefühl, in Deutschland sprichwörtlich auf den gepackten Koffern zu leben. Mancherorts kam es zur Gründung konkurrierender Gemeinden von deutschen Juden und sogenannten Ostjuden, die sich erst nach langem Hin und Her vereinigten. Diese Übergangsgemeinden hatten zunächst das Ziel, den in Deutschland verbliebenen Juden ihren vorübergehenden Aufenthalt zu erleichtern und sie bei der Emigration zu unterstützen, und sollten sich zu gegebener Zeit selbst auflösen. Zu denjenigen, die dieses Konzept der sogenannten Liquidationsgemeinde schließlich zu Gunsten der Entwicklung einer Aufbaugemeinde aufgaben, gehörte Heinz Galinski (1912–1992), der langjährige Vorsitzende der Jüdischen Gemeinde zu Berlin. Jüdisches Leben nach der Schoa, das bedeutete vor allem Solidarität und die Möglichkeit, einander in einem geschützten Raum ein Stück Heimat zu geben. Die internationale jüdische Gemeinschaft beobachtete den Aufbau nach dem Untergang, die Konsolidierung jüdischen Lebens im »Land der Täter«, indes mit Skepsis, ja Unverständnis, zumal der neugegründete Staat Israel eine Alternative zu bieten schien. Hans-Erich Fabian, der nach seiner Befreiung aus Theresienstadt zu den Mitbegründern der Berliner Nachkriegsgemeinde gehörte, forderte dagegen im Oktober 1947, sich Gedanken um die Zukunft zu machen: »Es hat keinen Sinn, Häuser zu bauen, wo Hütten genügen, und es hat keinen Zweck, Synagogen zu errichten, […] um sie in kurzer Zeit zu verlassen. Die jüdischen Gemeinden in Deutschland müssen sich klar werden, dass sie nicht nur vorübergehende Gebilde sind.« Damit waren die Vorzeichen gesetzt, jüdisches Leben in Deutschland erneut heimisch werden zu lassen.

»Im Gehen entsteht der Weg« beschreibt die Entwicklung nach 1945 wohl am besten. Mit dem Zusammenbruch der DDR und der Öffnung der Grenzen änderte sich die Situation dramatisch. Im Dezember 1990, knapp ein Jahr nach der Wende, wurden die fünf Landesverbände beziehungsweise Gemeinden in der ehemaligen DDR, die damals gut 400 Mitglieder zählten, in den *Zentralrat der Juden* in Deutschland aufgenommen.

Die Zuwanderung von Juden aus der damaligen Sowjetunion beziehungsweise aus ihren Nachfolgestaaten nach

Deutschland begann 1990. Seit 1990 sind über 212 000 Menschen als sogenannte jüdische Kontingentflüchtlinge nach Deutschland gekommen. Nach zwei Generationen in der atheistisch ausgerichteten Sowjetunion hatten viele Einwanderer den Bezug zu ihren jüdischen Wurzeln völlig verloren. Die russischsprachigen Zuwanderer müssen sich in Deutschland in zweifacher Weise integrieren: einerseits in die deutsche Mehrheitsgesellschaft, andererseits in die jüdische Gemeinschaft. Deutschland wurde zum Einwanderungsland für Juden aus der damaligen Sowjetunion – ein Phänomen, das für die alt eingesessenen jüdischen Gemeinden und Institutionen eine große Herausforderung bedeutete. Für die russischsprachigen Zuwanderer jüdischer Herkunft, die nach Deutschland gekommen sind, trifft zu, dass sie meist ohne viel jüdisches Wissen aufgewachsen sind. Wir müssen sie heute an Formen jüdischer Religiosität heranführen und abwarten, in welche religiöse Tradition sie sich stellen. Heute gibt es in Deutschland neben pluralistisch geprägten Einheitsgemeinden auch über 25 liberale jüdische Gemeinden, die zum großen Teil von Zuwanderern aus der früheren Sowjetunion getragen werden.

»Dem Indifferentismus gilt der schärfste, der eigentliche Kampf des Liberalismus«, schrieb einst Rabbiner Max Dienemann (1875–1939). Das liberale Judentum fordert von mir Treue: Treue zu den Schriften vergangener religiöser Erfahrung, Treue zu den maßgeblichen Elementen, die meine Religionsgemeinschaft wesentlich und existenziell ausmachen, und Treue gegenüber der »Wahrheit«, die in meinem eigenen Traditionsgut verborgen ist und immer wieder an neue Generationen überliefert werden muss. Religiöser Pluralismus bedeutet, mit der Koexistenz unterschiedlicher Lesarten fertig zu werden. Dies gilt innerhalb des Judentums, aber auch darüber hinaus. Deshalb ist es dem liberalen Judentum auch wichtig, dass wir die Identität anderer Religionen ehren und anerkennen.

Leo Baeck hat den gemeinsamen Weg der Menschheit beschrieben: »Dann werden gute Tage kommen. Menschen und Völker und Bekenntnisse werden geschieden bleiben, werden in ihrer Besonderheit weiterleben, aber sie werden wissen, dass sie zusammengehören, Teile der einen Menschheit sind, zusammenleben sollen auf dieser unserer Erde, einander sehend und einander verstehend, und, wenn es Not tut, einander helfend.«

Warum bin ich Jude?

Warum bin ich Jude? Weil es mir die Freiheit gibt, mich unter die Disziplin der Vernunft zu stellen. Denn in der Vernunft ist die wahre Freiheit begründet, und in Gottes Gesetz erfahren wir Seine wahre Liebe. Ein Grundsatz Rabbiner Abraham Geigers lautet: »Durch Wissen zum Glauben.« Aus dieser Erwartung spricht ein großes Vertrauen in die vernunftmäßige Erkenntnisfähigkeit des Menschen. Ist Geiger hier zu optimistisch? Nach jüdischer Auffassung empfing Mose im Offenbarungsgeschehen am Sinai nicht bloß die Tora im Sinn der Hebräischen Bibel, also die »schriftliche Tora« von Gott, sondern auch die »mündliche Tora«. Sie ist der Schlüssel, der allein zum vollen Verständnis der schriftlichen Tora Zugang verschafft. Diese »mündliche Tora« wurde, wie ihr Name besagt, mündlich über viele Generationen hinweg weitergegeben und fand schließlich in der rabbinischen Literatur ihren schriftlichen Niederschlag.

Die zweifache Tora enthält das von Gott geoffenbarte Gesetz mit seinen moralischen und rituellen Bestandteilen. Die Gestalt dieser Gesetze ist Ertrag eines immerwährenden Diskurses, der Entscheidungen für neue Situationen in anderen Epochen hervorbringt und damit Wandel ermöglicht und Kontinuität greifbar macht. Dem Menschen wird also bei der Offenbarung des Willens Gottes offensichtlich ein hohes Maß an Mitwirkung gegeben. Der andauernde Prozess menschlicher Interpretation wird so zum stetigen Offenbarungsprozess, der weit über das einmalige Sinaigeschehen hinausgeht. Für mich ist gerade der Wandel der Schlüssel, dem Judentum treu zu bleiben. Wir können verborgene Wahrheiten und Ansichten entdecken, es entstehen Neuerungen, durch die ich als menschlicher Interpret zum Mitschöpfer werde. »Glaube« erhält so für mich einen ganz hohen Plausibilitätsgrad. Er wird zu einer spannenden Entdeckungsreise auf dem Weg, den Willen Gottes zu erfassen.

Wahrheit

Rabbiner Kaufmann Kohler (1843–1926) lehrte: »Das Judentum hat keine abgeschlossene Wahrheit. Das Christentum und der Islam bilden einen Teil der Geschichte des Judentums. Zwischen diesen Weltreligionen nun steht das kleine Judentum als kosmopolitischer Faktor und weist auf jene ideale Zukunft einer in Gott wahrhaft vereinten Menschheit hin.« Welchen Begriff von »Wahrheit« vertritt dann das Judentum eigentlich? Schauen wir in den Talmud: »Drei Jahre stritten die Schule Schammais und die Schule Hillels: Jede meinte, das Religionsgesetz sei nach ihr zu entscheiden. Da sprach Gott: Die Worte der einen wie der anderen Schule sind Worte des lebendigen Gottes; jedoch ist das Religionsgesetz nach der Schule Hillels zu entscheiden. – Warum? – Weil sie verträglich und bescheiden war und sowohl ihre eigene Ansicht als auch die der Schule Schammais studierte; noch mehr, sie setzte sogar die Worte der Schule Schammais vor ihre eigenen.«

Den Rabbinen ist es wichtig, die Position des anderen zu respektieren und die eigene Meinung nicht absolut zu setzen: Das Talmudzitat zeigt, wie bedeutsam es ist, dass man sich konstruktiv mit den von der eigenen Auffassung abweichenden Positionen auseinandersetzt, diese achtet und respektiert. Im Judentum hat keine Lehrmeinung und keine Generation ein Monopol auf das Verständnis des Willens Gottes. Worauf es wesentlich ankommt, ist die sittliche Tat. Rabbiner Leo Baeck sagt es so: »Religion soll nicht ein gutes Gewissen schenken, sondern das Gewissen in einen ständigen Zustand der Unruhe und Herausforderung versetzen. Nur dann ist sie wahrhaft Religion. Sie muss fähig sein und entschlossen, jeder geschöpflichen Macht Widerstand anzusagen und zu leisten, wenn es gilt, das Ewige zu verteidigen.«

Sinn und Glück

Ein gutes Leben ist ein *sinnvolles* Leben. Das Judentum sieht diesen Sinn in der Einsicht gegeben, dass zum Leben zweierlei gehört: der Wille, das Leben durch sittliches Handeln zu meistern, und der Gehorsam gegenüber dem Gebot der praktischen Vernunft. Menschliches Leben vollzieht sich aus jüdischer Perspektive also im Widerstreit zwischen Wollen und Sollen, zwischen Neigung und Pflicht. Sein Vertrauen in die Welt bezieht der Jude aus dieser Orientierung zur Sittlichkeit um ihrer selbst willen: als Regulativ für hedonistisches Glücksverlangen. Er versenkt sich also *nicht* in seine ganz persönliche Glaubenserfahrung, er erwartet *nicht* passiv die Möglichkeit seines Glücks von einem immanenten Gnadengeschehen und hält sich *nicht* darin schon für vollendet und geliebt. Ein solcher Zustand der Glückseligkeit, der sich wie selbstverständlich der göttlichen Gnade verdankte, ein solcher Glaube, der nicht die Erfüllung von Gott gestellter Aufgaben forderte, wäre nicht das Resultat sittlichen Handelns und verwiese lediglich zurück auf das Ego und seinen Wunsch, die eigene Glückseligkeit zum A und O des Seins zu machen. Vielmehr will er sich selbst aktiv weiterentwickeln, jenseits der Gebundenheit, die sich aus seiner Gottesgeschöpflichkeit ergibt.

Dazu gehört auch, dass Menschen unterschiedliche Startchancen haben und dass daraus unterschiedliche Lebensentwürfe werden. Die Ungleichheit gehört zur Freiheit auf jeden Fall dazu. Und diese Freiheit ist im Judentum Angelpunkt menschlicher Existenz. Erreicht wird die Freiheit paradoxerweise durch die Befolgung der Gebote – um ihrer selbst willen. In dieser Freiheit steckt die Chance, dass Leben gelingt, oder die Möglichkeit, dass Leben scheitert. So ergibt sich das Glücksmoment menschlichen Lebens aus dem Gelingen der sittlichen Lebensaufgabe: Gott zu ehren und für das Gute auf Erden einzutreten.

Was glücklich macht

Der »Versöhnungstag« ist der höchste jüdische Feiertag und dem Thema »Schuld, Reue und Versöhnung« gewidmet. Er mahnt uns, dem Leben eine neue, bessere Richtung zu geben. Mosche Chaim Luzzatto (1707–1746) hat lange darüber nachgedacht, wie wir Menschen den richtigen Weg im Leben finden. Zu seiner Zeit mehrmals exkommuniziert, ist er heute ein Klassiker jüdischer Frömmigkeitsliteratur geworden. Einen großen Fallstrick machte Luzzatto in unseren Begierden aus. Wir quälen uns mit ihnen bis zu unserem Tod. Auch die Weisen lehrten uns (Kohelet Rabba 1,13): »Keiner stirbt und hätte seine Begierde auch nur zur Hälfte gestillt.« Am Versöhnungstag sollen wir uns dieser Begierden besonders bewusst werden und begreifen, dass der Mensch in einen schweren Kampf verwickelt ist.

Unsere Begierden richten sich in besonderer Weise auf Geld und Ehre. Im »Weg der Frommen« warnt Luzzatto deswegen, Armut und Reichtum bedrohten den Menschen gleichermaßen. »Die Gewinnsucht ist eine starke Leidenschaft, und darum kann man durch sie mannigfach zu Fall kommen.« Und die Begierde – vor allem nach Geld und nach Ehre – quäle den Menschen bis zum Tod und bringe ihm viel Unglück. Wie die Schrift sagt: »Wer das Geld liebt, wird am Geld nie satt« (Deuteronomium 30,13). Noch schlimmer als Geldgier ist das leidenschaftliche Verlangen nach Ehre. Man kann vielleicht die Begierde nach

Geld und anderen Genüssen unterdrücken, aber die Ehrsucht setzt sich durch, so unerträglich ist dem Betreffenden der Gedanke, er könne unter anderen stehen. Luzzatto: »An dieser Klippe ist so mancher gestrauchelt und zu Grunde gegangen.«

Ohne dieses Verlangen wäre jeder damit zufrieden, satt zu essen zu haben, mit Kleidung seine Blöße zu bedecken und ein Dach über dem Kopf zu haben, das ihn vor dem Wetter schützt. Darum lehren unsere Weisen: »Liebe die Arbeit und hasse die Würde« (Sprüche der Väter I, 10). Geld macht nicht glücklich und Ehre auch nicht. Aber Menschen können uns glücklich machen. Vor allem, wenn ihr Leben einen Sinn hat und sie gebraucht werden. Ben Soma sagt: »Wer ist ein Held? Der seine Leidenschaften überwindet. Wer ist reich? Der sich bescheidet.«

Die Weisen wurden einmal gefragt, was Gott denn seit der Erschaffung der Welt tue. Die Antwort mag überraschen: Er führe seitdem Menschen zusammen. Daraus können wir ableiten, dass selbst Gott etwas Sinnvolles zu tun braucht und nicht ohne Beschäftigung sein kann. Außerdem lernen wir, dass Begegnung von Menschen und Partnerschaft so wichtig sind, dass Gott sich selbst darum kümmert. Denn das macht aus jüdischer Sicht glücklich: wenn Menschen einander verstehen.

Frei durch das Gesetz

Jeder Versuch scheitert, das Judentum zu verstehen, wenn er sich nicht auch mit der zentralen Bedeutung des Jüdischen Gebots auseinandersetzt – in der ganz eigenen Schönheit seiner Vielfalt, seinen Mechanismen und Entwicklungsmöglichkeiten. Der verbindende Charakter der jüdischen Rechtstradition von Abraham über die Propheten bis zu den Rabbinen und heutigen Gelehrten ist die nie endende Suche nach Gerechtigkeit. Im Talmud heißt es dazu, dass die Anwendung des Rechts zum Leben führen soll, nicht aber zum Untergang (bT Sanhedrin 74a). So enthalten die Bestimmungen über die Arbeiter und den Arbeitsvertrag sowie über das Darlehen, das Pfandrecht und das Erlassjahr (*schemitta*) eine Fülle von sozialen Gedanken. Im Mittelpunkt steht, einen Ausgleich zugunsten der wirtschaftlich Schwachen herbeizuführen. Dieser Sinn für soziale Gerechtigkeit steckt in der Hebräischen Bibel und wird von den Propheten weitergeführt.

Später hat der Talmud das Recht in diesem Geiste erweitert und einer neuen Zeit je angepasst. Alle sind in gleicher Weise dem religiösen Recht unterworfen, womit jeder staatlichen und nichtstaatlichen Gewalt und Willkür vorgebeugt ist. Bei alldem gilt: Einmal dem Volk gegeben, ist das Recht, auch wenn es göttliches Recht ist, sozusagen auch Gott selbst entzogen. So wurde einem Rechtslehrer, der sich in einem Rechtsstreit auf eine übernatürliche Stimme berufen wollte, erwidert: »Das Gesetz ist nicht im

Himmel.« Mit anderen Worten: Die Wirklichkeit des jüdischen Rechts ist göttlich, aber sie ist keine *tora min ha-schamajim*, keine Tora vom Himmel. Durch den Menschen allein soll es verwirklicht werden. Als grundlegende Einsicht steht die ethisch-sittliche Aufgabe der Jüdinnen und Juden im Zentrum, sich in einem stetigen Prozess der Läuterung Gottes Anforderungen zu stellen und sein Reich auf Erden Wirklichkeit werden zu lassen. Gerechtigkeit ist demgemäß die Gnadengabe Gottes, mit der er die Welt nach seinem Willen ordnet.

Leo Baeck spricht vom Gebot, als bedeute es die Freiheit und schaffe die Befreiung: Das Gebot schließe in sich Güte ein, Treue, Selbstlosigkeit, Zuversicht und Versöhnung. Damit ist die wahre Freiheit des Menschen deutlich gemacht: Gott hat uns bereits alle befreit, damit wir die Chance ergreifen – oder ausschlagen –, ganz nach unserem Willen. Uns Juden macht also das Gesetz frei. Und das Credo unserer Befreiungstheologie ist, dass uns Gott alle gleichermaßen in die Verantwortung füreinander und für diese Welt beruft. Jean-Jacques Rousseau hat den Wert des Gesetzes als eigentliche Freiheit ebenfalls erkannt: »Zwischen dem Schwachen und dem Starken ist es die Freiheit, die unterdrückt, und das Gesetz, das befreit.«

Ethik und Erwählung

Man sollte glauben, Juden wären Spezialisten in Abgrenzung. Das Konzept des »auserwählten Volks« legt das nahe. So verwundert die Ansicht des Rabbi Elieser ben Hyrkanus im Talmud (Chullin 13a) nicht, nur geborene Juden oder vollständig zum Judentum übergetretene Menschen hätten Anteil an der kommenden Welt.

Was aber tun die, die nicht als Juden geboren sind oder zum Judentum gefunden haben? Rabbiner Kaufmann Kohler hat hier 1910 einen Weg gewiesen. Das Judentum habe keine abgeschlossene Wahrheit und wende sich an keinen abgeschlossenen Teil der Menschheit. Diese Offenheit ist möglich durch die biblische Vorstellung der Gottesebenbildlichkeit aller Menschen. Der Fremdling, der im Judentum als »Sohn Noachs« betrachtet wird, ist dabei ganz genauso Geschöpf Gottes wie der Jude selbst. Für Juden wie Nichtjuden bedeutet sie, dass beiden ein Erkenntnisweg zu Gott offen steht und beide die Möglichkeit besitzen, die Vernunft als Mittel zur ethischen Vollendung anzuwenden. Damit tritt die Idee der »Frommen der Völker der Welt« in eine interessante Spannung zum jüdischen Erwählungsbegriff. Die Erwählung Israels kann erkannt werden als das, was sie ist: die Auswahl für eine bestimmte Aufgabe und Funktion im Verhältnis mit Gott. Das schließt nicht aus, dass andere Menschen nicht ebenso fromm gegenüber Gott leben.

Im Talmud (Sanhedrin 105 a) vertritt Rabbi Joshua die Ansicht, dass alle rechtschaffenen Menschen – Juden und Nichtjuden – Anteil an der kommenden Welt haben. Rabbi Elieser ben Hyrkanus verliert die Kontroverse gegen Rabbi Josua ben Chananja, dessen Lehrmeinung 1180 auch Moses Maimonides stützt (Melachim 8,11): Alle Gerechten, ob jüdisch oder nichtjüdisch, haben Anteil an der kommenden Welt. Für den jüdischen Religionsphilosophen beruhen moralische Normen nicht auf einer Offenbarung, sondern sind vernunftmäßig erschließbar (*hechre ha-daat—inclinatio rationalis*). In der Lehre über die noachidischen Gebote ist strittig, ob zu den Minimalanforderungen der Rechtschaffenheit die Anerkennung Gottes gehört oder nicht. Jedenfalls findet sich in der rabbinischen Tradition, dass Gott dem Menschen durchaus verzeiht, wenn dieser nicht an Gott glaubt. Denn Gott braucht *unseren Glauben* nicht, aber *unser gerechtes Handeln* ist ihm wichtig. Sind Handlungen also moralisch, weil Gott sie befiehlt, oder aber befiehlt Gott Handlungen, weil sie moralisch sind? Der griechische Philosoph Platon fragt sich das, und als Jude würde man die zweite Alternative wählen. Damit kommt der Moral ein Eigenwert zu, losgelöst von Gott.

Der frühere österreichische Verfassungsrichter Hans Kelsen (1881–1973), jüdischer Neukantianer und einer der bedeutendsten Rechtstheoretiker des 20. Jahrhunderts, würde Maimonides darin widersprechen, dass Moral auf der menschlichen Vernunft basiere. Er war der Ansicht David Humes, dass kein logischer Weg zu dem führe, was sich moralisch wünschen lasse. Auch der Biophilosoph Eckart Voland aus Gießen hält die Bedeutung der Vernunft für die Moral überschätzt: Moralische Handlungen geschähen instinktiv, moralische Urteile seien stimmungsabhängig. Moral sei – so der Evolutionsbiologe Jerry Coyne – großenteils angeboren und biete einen evolutionären Vorteil. Jüdisch ausgedrückt: Wir Menschen sind zur Moral berufen, weil wir Gottes Ebenbilder sind. Und: Moralisches Handeln trägt seinen Wert in sich.

Ethik und Ritual

Das Judentum betrachtet die Taten eines Menschen als wichtigsten Ausdruck religiösen Lebens und legt auf sie mehr Wert als auf Glaubensbekenntnisse. Aufgabe des jüdischen Volkes ist es, aus seiner Beziehung mit Gott heraus Seinem ethischen Anspruch universale Geltung zu verleihen. Daher unser Engagement für soziale Gerechtigkeit und Freiheit aller Menschen. Das Judentum fordert das Ende von Ausbeutung und Tyrannei, Armut und Vorurteil, menschlichem Leiden und Ungleichheit. Seit der Emanzipation haben sich Rabbiner und Laien deshalb für staatsbürgerliche Rechte eingesetzt, für die Trennung von Religion und Staat, das Recht auf Geburtenkontrolle, gerechte Löhne, bessere Arbeitsbedingungen, gegen Kinderarbeit. Juden waren Vorreiter der Friedensbewegung und des ökologischen Protests. Sie marschierten mit Martin Luther King für die Gleichberechtigung der Afroamerikaner in den USA. Dabei war ihre Zugehörigkeit zum jüdischen Volk ihr zentraler Beweggrund.

Gibt es demnach eine Abstufung zwischen Geboten der Sittlichkeit und dem Zeremonialgesetz? Manche Juden würden das bejahen. Der frühere Rabbiner von Belgrad, Dr. Simon Bernfeld (1860–1940), weist in den 1920er Jahren im Vorwort zu den »Lehren des Judentums nach den Quellen« auf den Umstand hin, dass in den drei Bänden von Ritualgeboten keine Rede ist: »Das Judentum ist in diesem Werk in seinem dogmatischen und ethischen Gehalt behandelt worden; das Zeremonialgesetz liegt nicht im Bereich dieser Darstellung.« Damit wird deutlich: Juden sollten sich nicht mit dem bloßen Ritual zufriedengeben. Ethische Pflichten brauchen eine klare Verankerung und Konkretisierung im Alltag. Dazu gehören das Führen eines jüdischen Haushalts, das Studium der Tradition, das regelmäßige Gebet und das Halten von Schabbat und Feiertagen.

Wessen Werke sind schöner?

Einst fragte der böse römische Statthalter Tineius Rufus den Rabbi Akiba: »Wessen Werke sind eigentlich schöner, die Werke Gottes oder die Werke der Menschen?« Rabbi

Akiba antwortete: »Die Werke der Menschen!« Auf diese Antwort war der Statthalter natürlich nicht gefasst, und er erwiderte: »Kannst Du so etwas wie Himmel und Erde machen?« Darauf Akiba: »Komm mir doch nicht mit Sachen, die außerhalb der menschlichen Macht liegen, sondern sprechen wir über etwas, das es unter den Menschen gibt.«

Rabbi Akiba ließ nun Ähren vom Feld und schöne, ansehnliche Brote aus der Bäckerei holen. Er zeigte auf die Ähren und sprach: »Das ist das Werk Gottes.« Dann wies er auf die Brote und sprach: »Und das ist das Werk der Menschen. Ist es nicht schöner als das Werk Gottes?« Danach ließ Akiba Flachsbündel vom Feld und feine Kleider holen. Wiederum nannte er das Naturprodukt »Werk Gottes« und die Handarbeit nannte er »Werk des Menschen«. Dann wiederholte er seine Frage: »Ist denn das Werk der Menschen nicht schöner als das Werk Gottes?«

Der *Midrasch Tanchuma* drückt sehr schön aus, welcher Optimismus dem Judentum eigen ist, wenn es um Innovation geht – technischen aber auch geistigen Fortschritt. Wir gehen davon aus, dass der Mensch durch seine Vernunft und seinen Forscherdrang die Grenzen seines Daseins enorm erweitern und verändern kann. So sehr, dass sein Werk sogar die Schöpfung Gottes überstrahlt. Bei vielen Themen, die in den christlichen Kirchen Bedenken auslösen, sieht das Judentum eher die Chancen als die Gefahren. Die Präimplantationsdiagnostik ist nur ein Beispiel dafür.

Rabbi Akiba aber nennt auch die Einschränkung: Was außerhalb der menschlichen Macht liegt, davon soll der Mensch die Finger lassen. Wer vom Menschen und seinem Tun viel erwartet, der muss auch die Erkenntnisfähigkeit einüben, erspüren zu können, wo die Grenzen liegen.

Unrast und Besinnung

Die Technik bietet immer neue Möglichkeiten. Besser erreichbar zu sein, überall und zu jeder Zeit. Das ist toll. Da will man den Anschluss nicht verlieren. Aber manchmal überfordert es uns auch. Alles scheint heute immer schneller zu gehen. Und haben wir nicht bereits Mühe, alle Bälle aufzufangen, die man uns zuwirft? Allerdings kein modernes Problem. Der Mensch hat sich und seine Geschäftigkeit schon früher hinterfragt. Mosche Chaim Luzzatto stellte seine eigenen Überlegungen zur Unrast der Menschen an. »Wie ein Pferd, das unaufhaltsam im Kampf dahinstürmt, rennen die Menschen und jagen und lassen sich keine Zeit, auf den Weg zu achten und ihr Tun zu überdenken. Deshalb stürzen sie unversehens ins Unglück.« So beschreibt er in seinem Buch »Der Weg der Frommen« die Situation seiner Zeit.

Für Luzzatto gehörte dies zu den »listigen Ränken des bösen Triebes«: Dieser böse Trieb überlastet die Menschen fortwährend mit Arbeit, damit sie sich nicht überlegen, welchen Weg sie eigentlich eingeschlagen haben. Luzzatto hat ein Rezept dagegen: Wir müssen zur Besinnung kommen. Klingt einfach, ist es aber nicht. Da tröstet das Psalmwort (37,32), das uns Gottes Hilfe in Aussicht stellt: »Der Böse hält Ausschau nach dem Frommen und trachtet ihm nach dem Leben. Gott aber überlässt ihn nicht seiner Hand.«

Das ist kein Aufruf, auf Gott zu warten, der es schon richten wird. Die »Sprüche der Väter« (I,4) mahnen uns: »Wenn ich nicht für mich sorge, wer soll es denn?«. *Hilf dir selbst, dann hilft dir Gott!* So lehrt uns das Judentum Eigenverantwortung: Wir Menschen sind der Anfang aller Veränderung im Leben. Der Alltag und seine Unrast sollen uns nicht blind machen für das Wesentliche im Leben. Gott öffnet uns immer neue Türen.

Gott der Vater

Die gängige Form der Bezeichnung Gottes im Judentum ist das Tetragramm. Die Vorstellung von Gott als *Vater*, wie sie schon die Hebräische Bibel kennt, wurzelt in der vorexilischen judäischen Königsideologie. Gott galt als Vater des davidischen Königs. In der Nathan-Weissagung im zweiten Samuelbuch hat sich diese Vorstellung dann mit der Zusage der ewigen Treue Gottes zum davidischen Königshaus verbunden. Das definitive Ende der davidischen

Herrschaft im Königreich Judäa durch das Babylonische Exil stellte diese Aussage grundlegend in Frage: Land und Thron waren verloren.

Die Theologen des Exils konnten die Verheißung aber in einer neuen Weise deuten und mit dem Vaterbild nach wie vor Gottes ewige Treue verkündigen. Sie übertrugen die Vorstellung von Gott, dem Vater, durch die Verbindung mit dem Bild von Israel als Gottessohn auf das gesamte Volk. So verschmolzen zwei ursprünglich unterschiedliche Traditionen und damit auch zwei verschiedene Bedeutungen. Dem ganzen Volk galt nun einerseits die Zusage der ewigen Treue Gottes und seiner steten väterlichen Vergebungsbereitschaft. Andererseits blieb die Forderung erhalten, als »Gottes Sohn« Gott gehorsam zu sein (Hosea 11).

Die Vorstellung von Israel als Sohn Gottes war schon in der Tradition vom Auszug aus Ägypten verankert (Exodus 4). Aber nicht nur für Israel ist Gott der Vater. Der Talmud fragt: »Weshalb ist bloß ein einziger Mensch zu Beginn erschaffen worden? Um dich zu lehren, dass jener, der einen einzigen Menschen vernichtet, gleichsam die ganze Menschheit vernichtet hat, und dass jener, der einen einzigen Menschen erhält, gleichsam die ganze Menschheit erhalten hat.« Der einzige Gott wird so zum Vater Adams und zum Begründer einer einzigen unteilbaren Menschheit.

Gottesleugnung

Moses Maimonides hat Gott aus jüdischer Sicht so beschrieben: Gott ist der einzige Schöpfer, unsichtbar, körperlos, ewig und einzigartig. Damit unterstreicht er die Einsicht: Der begrenzte Verstand kann den unbegrenzten Gott nicht erfassen. In der Bibel bleibt die Stelle leer, an der man eine ausführliche Darstellung Gottes hätte erwarten können. »Im Anfang schuf Gott den Himmel und die Erde. Die Erde aber war bloß und bar.« Dieser erste Vers des Buchs Genesis setzt Gottes Dasein bereits als gegeben voraus und richtet die Aufmerksamkeit ganz auf das Wesen der Welt.

Selbst bei Abraham werden keine Einzelheiten über seine religiöse Suche berichtet. »Und der Ewige sprach zu Abram: Zieh du aus deinem Land, von deiner Verwandtschaft und vom Haus deines Vaters nach dem Land, das ich dir zeigen werde« (Genesis 12,1). Die Gegenwart Gottes wird also vorausgesetzt, das Hauptinteresse liegt auf der Menschheit und ihrer Entwicklung. Bei der deutlichsten persönlichen Offenbarung an Mose ist das Höchste, was ihm zu sehen erlaubt ist, Gottes »Rückseite« (Exodus 33,23).

Das Judentum beansprucht nicht, das vollständige Wissen über Gott zu besitzen. Unsere Zuversicht ist das Dasein Gottes. Ein Dogma über Gottes Wesen ist uns fremd. Es tut nichts zur Sache, wenn Juden deshalb unterschiedliche Vorstellungen von Gott haben. Wichtig ist, dass sie sich einander helfen, in eine engere Beziehung zu Gott zu kommen. Gott ist nicht nur der Gott der großen Entwürfe, der erschafft und Recht setzt, sondern auch der Gott jedes einzelnen Individuums, der in Beziehung zu uns stehen kann: als kollektive Erfahrung am Sinai, als sanfte Stimme, wie sie der einsame und verzweifelte Elija vernahm, oder im Sturm, als Ijob verzweifelt nach einem Sinn seines Leidens suchte. Im Judentum gilt es nicht als Häresie, eine »falsche« Ansicht über Gott zu haben. Schlimm ist, Gottes Dasein durch unmoralische Taten zu leugnen.

Religionskritik

Äußere Kritik an der jüdischen Religion ist seit Jahrtausenden eine traurige Begleiterscheinung jüdischer Existenz. Gerade die christliche Theologie zeichnete nur zu oft ein schwarzes Bild vom Judentum: als einem vergangenen Phänomen, einer verblühten Liebe Gottes. Es war dieser düstere Hintergrund jüdischer Verstockung, der es dem Christentum ermöglichen sollte, sich selbst leuchtend abzuheben. Religiöser und rassischer Antisemitismus waren die tragische Folge. Viel Schlechtes ist daraus erwachsen, nicht nur an Diskriminierung und Verfolgung. Religionskritik war für das Judentum also keineswegs bloß eine intellektuelle Erscheinung. Religionskritik führte regelmäßig zu geistiger und körperlicher Verletzung und zu gewaltsamem Tod ganzer Gemeinden, ja ganzer Generationen.

Aber man kann Religionskritik auch innerjüdisch auffassen. Historische Umwälzungen fanden gewöhnlich ihren Niederschlag in einer entsprechenden intellektuellen und akademischen Entwicklung innerhalb der jüdischen Gemeinschaft selbst. Die große Leistung des Judentums ist es, sich immer wieder selbst neu erfunden zu haben und nicht zu erstarren. Franz Rosenzweig meinte gerade in dieser Wandelbarkeit die Berufung des jüdischen Volkes als Gottes Offenbarung zu erkennen.

Jeder Generation gelang es, einen Neuansatz zur Definition jüdischer Identität anzubieten und damit Religionskritik von innen zu leisten. Seit der Aufklärung ist dies Aufgabe der »Wissenschaft des Judentums«. Leopold Zunz (1794–1886) legte dafür mit seinem 1832 erschienenen Buch »Die gottesdienstlichen Vorträge der Juden« historisch entwickelt den Grundstein. Er brachte Belege für einen »evolutionären Prozess« in der Geschichte des Judentums und schuf so das wissenschaftliche Fundament für die Einsicht, dass Wandel von jeher die Möglichkeit von Kontinuität ist.

Kein Personenkult

Auch das Judentum kennt Stars. Ein bekannter Ausspruch lautet: »Von Moses bis Moses gab es niemanden wie Moses.« Gemeint sind der biblische Moses, der Aufklärer Moses Mendelssohn (1729–1786) und der mittelalterliche Religionsphilosoph und Rechtsexperte Moses Maimonides. Meilensteine der religiösen Tradition sind oft genug mit Personen und ihrem segensreichen Wirken verbunden. Und sie sind wichtig, diese Fleisch gewordenen Wegweiser und Orientierungspunkte in unserer Tradition. 2019 wird an den 145ten Todestag von Rabbiner Abraham Geiger erinnert werden, den geistigen Begründer eines Judentums in der Moderne und Gegenspieler Samson Raphael Hirschs (1808–1888), des Begründers der Neo-Orthodoxie.

Andererseits ist das Judentum weit davon entfernt, Menschen irgendeinen Kultstatus zuzubilligen, und seien sie noch so verdienstvoll. Der Moses der Bibel wird mit all seinen guten und schlechten Seiten gezeichnet, menschlich eben. Er darf selbst nicht ins Gelobte Land einziehen und sogar sein Grab ist unbekannt. Die religiöse Tradition lehrt uns, dies sei so, damit es eben zu keiner »Heiligenverehrung« kommen könne. Denn, so der Neukantianer Hermann Cohen, »alle Anknüpfung der Religion an eine Person setzt sie der Gefahr des Mythos aus. Denn der Grundsinn des Mythos ist die Personifikation alles Unpersönlichen. Darin bewährt sich die Unterscheidung, welche das Judentum überall vom Mythos an sich durchzuführen sucht, dass sie die höchste Tat, die sie von Gott erwarten kann, die Vereinigung seiner Kinder in Eintracht und Treue, durchaus nicht von einer Person erwartet.« Vielleicht sprechen Juden deshalb nur halb im Scherz davon, dass die *Chabad*-Bewegung mit ihrer sehr ausgeprägten Verehrung und Hingabe für den Lubawitscher Rebben Menachem Mendel Schneerson (1902–1994) die »Sekte« sei, die dem Judentum am nächsten stehe.

Messias

Ist der »Messias« im Judentum eigentlich noch eine zentrale Vorstellung? »Ich glaube mit vollkommenen Glauben an das Kommen des Messias, und wenn er auch zögert, so harre ich doch jeglichen Tages seines Kommens«, lautet der zwölfte Glaubensartikel des Maimonides. Bei Maimonides geht es um die Rückkehr der Juden in ihr Land Israel und die Wiedererrichtung eines Staates unter einem Idealkönig. Schon die Rabbinen formulierten im Talmud allerdings eine kollektive Mitwirkungsmöglichkeit der Menschen: Der Messias werde kommen, wenn ganz Israel zwei- oder auch nur einmal einen Schabbat halte oder ihn aber kollektiv entweihe. Hier steht der Erlösungsgedanke als Utopie im Zentrum, dessen Triebkraft auch Quelle der verschiedensten pseudomessianischen Fehlspekulationen in der Geschichte gewesen ist.

Das machte den Begriff für viele gefährlich. Seit dem 19. Jahrhundert erfuhr er überdies eine Entpersonalisierung. Die Hoffnung auf eine einzelne Erlösergestalt vertrug sich für viele nicht (mehr) mit dem Anspruch des Judentums, zwischen Gott und den Menschen keinen Mittler oder Vertreter treten zu lassen. 1910 formulierte der jüdische Philosoph Hermann Cohen (1842–1918) die jüdische Haltung seiner Zeit: »dass sie die höchste Tat, die sie von Gott erwarten kann, die Vereinigung seiner Kinder in Eintracht und Treue, durchaus nicht von einer Person erwartet«. Seit der amerikanischen Bürgerrechtsbewegung der 1950er und 1960er Jahre spricht man – häufiger als vom Anbruch des messianischen Zeitalters – davon, dass der Einzelne an der »Heilung der Welt« (*tikkun olam*) mitwirken solle, ein Deutemuster, das sich für jegliches zivilgesellschaftliche und soziale Engagement jüdischer Gemeinden und Einzelpersonen für eine bessere Welt durchgesetzt hat. Der Zionismus ist wiederum für viele die säkulare Antwort auf die Hoffnung nach der Sammlung aller Juden in einem eigenen Land und hat damit den restaurativen Messianismus eines Maimonides überlagert. Wo sich die Vorstellung eines personalen Messias und gar eine Naherwartung seines Kommens gehalten haben (zum Beispiel in Teilen von Chabad Lubawitsch), führen sie heute geradezu aus dem Judentum heraus.

Beten

Die Bibel ist die Gabe Gottes an die Menschheit; das Gebetbuch das Gegengeschenk der Menschen an Gott. So ist das Gebetbuch ein menschliches Produkt. In seinen Entwicklungen und Veränderungen durch die Geschichte ist es auch eine Autobiografie des Volkes Israel und seiner Beziehung mit Gott. Ein Mittelpunkt darin ist das Achtzehnbittengebet. In allgemeiner Form wird darin um das gebeten, was generell von Bedeutung ist. Wir beten »Gepriesen seist Du, Herr unser Gott, der Gebete erhört.« Der jüdische Beter ist aber sehr vorsichtig mit dem Bitten, wenn es konkret wird. Vor allem wenn es um Stoßgebete geht, wird es schwierig. Man hört die Feuerwehrsirene und bittet schnell einmal: »Gott, lass es nicht mein Haus sein.« Solche Bittgebete werden als anstößig empfunden. Denn zum Zeitpunkt der Bitte ist ja alles schon geschehen und die Bitte könnte völlig unnütz sein. Auch das Bitten um Glück im Spiel oder um Bevorzugung aufgrund von Wohlverhalten ist problematisch. Wie leicht könnte man sich zu der Annahme versteigen, dass Gott einem zur Seite steht, weil man seine Gebote erfüllt und sich bemüht, »brav« zu sein. Was aber geschieht, wenn Guten Böses widerfährt? Nach dem Schöpfungsbericht in Genesis 1 bestand das *tohu-wa-wohu*, das Chaos, schon, als Gott seine Schöpfung begann und das Licht schuf. So weht Gottes *ruach*, Hauch, über dem Chaos und seine *chesed*, Güte, verwandelt es. Vor allem verwandelt er den Menschen in einen Partner seiner Schöpfung zur Gestaltung der Zukunft der Welt.

Wer Stoßgebete zu Gott hinaufsendet, glaubt an einen Gott, der Ausnahmen von der Regel macht. Vielleicht ist Gott aber gerade das Fundament der kosmischen Ordnung, derjenige, der es uns ermöglicht, über uns hinauszuwachsen und immer neue Höhen der Nächstenliebe und Kreativität zu erreichen. So wirkt Gott innerhalb der Grenzen der Schöpfung, mit ihr und durch sie. Das Universum funktioniert nach unveränderlichen physikalischen Gesetzen. Und doch bringt dieses Rahmenwerk fortwährend neue, komplexe Systeme hervor. Gott steckt in dieser Veränderbarkeit, dem je Neuen und der nie versiegenden Kreativität. Mit seinen *Mitzwot,* seinen Geboten, lädt Gott uns ein, immer wieder die richtige Wahl zu treffen. So formuliert der jüdische Beter seine vorsichtigen Bitten an Gott und vermeidet zu konkrete Anlässe. Denn das Gebet soll im Grund nicht Gottes Eingreifen erreichen, sondern unsere Einsicht stärken, was wir – in seinem Ebenbild geschaffen – als Nächstes in Angriff nehmen sollten.

Reform

In 2018 gedenken wir des 250ten Geburtstags von Israel Jacobson (1768–1828), der 1810 in Seesen die erste Synagoge liberaler Prägung eröffnet hat. Am Anfang standen ein

Mann und ein Buch. 1804 setzte sich der Erste Konsul der Republik Frankreich, Napoleon Bonaparte, die Kaiserkrone aufs Haupt. Im gleichen Jahr war der *Code Civil* in Kraft getreten. Als »Code Napoleon« wurde er das erste Gesetzbuch Europas, das keine eigene Judengesetzgebung mehr aufwies. Dies hatte Auswirkungen im gesamten Rheinbund und so auch im Königreich Westphalen. Dort war Napoleons Bruder Jérôme König geworden – von 1807 bis 1813. Mit dem Königreich Westphalen sollte ein Modellstaat geschaffen werden, der die französischen Errungenschaften der (Nach)Revolutionszeit – Freiheit, Gleichheit und Brüderlichkeit – auf deutschen Boden führte. Es war Israel Jacobson, der die Chance erkannte, dass dies auch die Grundlage für ein Zusammenleben von Juden und Christen mit gleichen Bürgerrechten bedeuten konnte. In seinem politischen und religiösen Denken war Jacobson durch die Ideale der Aufklärung geprägt, worin ihn schon früh die Lektüre der Werke Gotthold Ephraim Lessings und Moses Mendelssohns bestärkt hatte. Er konnte den König für ein weitgehendes Emanzipationsdekret gewinnen. An der Formulierung und Durchsetzung des preußischen Emanzipationsgesetzes von 1812 war Jacobson als Ratgeber des Staatskanzlers Karl August von Hardenberg ebenfalls beteiligt. Das weithin sichtbarste Zeichen des Umschwungs war aber der Seesener Tempel von 1810. Nachdem auch in Berlin, Hamburg und Leipzig ähnliche Tempel gegründet worden waren, nahm die Reformbewegung in ganz Deutschland ihren Lauf; in Österreich wurde sie durch Isaak Noah Mannheimer (1793–1865) vertreten, der 1825 als Direktor der »K. K. Genehmigten Oeffentlichen Israelitischen Religionsschule« nach Wien kam und mit Kantor Salomon Sulzer (1804–1890) eine gemäßigte Gottesdienstreform durchführte.

Einer von uns

Einer meiner liebsten Lehrer am Londoner Rabbinerseminar war Rabbiner Lionel Blue (1930–2016). Er war bekannt, weit über die jüdischen Gemeinden Englands hinaus. Denn er hatte über dreißig Jahre lang eine eigene Sendung – »Gedanken für den Tag« im Radio und seine Bücher über jüdische Spiritualität und jüdische Wege zu Gott waren die sprichwörtlichen warmen Semmeln, so gut verkauften sie sich. Hundertausende von Menschen fühlten, dass sie von Lionel Blue lernen konnten, ihr Leben zu meistern und Gott nahe zu sein. Lionel Blue hat dem Judentum ein kluges, warmherziges und liebenswertes Gesicht gegeben.

Nur bei der Frage nach seinen eigenen persönlichen Beziehungen im Leben blieb er lange vage. Denn Lionel Blue war ein schwuler Mann. Während seines Wehrdienstes hatte er einen Nervenzusammenbruch erlitten und war drauf und dran gewesen, sich umzubringen. Später, an der Universität Oxford, versuchte er sich ziemlich erfolglos an einer Freundin, stolperte über die Quäker, wo er erstmals die Gegenwart Gottes spürte, und trat daraufhin ins Rabbinerseminar ein, wo es ihn aber zunächst nicht lange hielt. Denn Amsterdam lockte. In den 1950er Jahren war Amsterdam das *Greenwich Village* Europas – und Lionel Blue beschreibt, dass er in drei Monaten wohl nicht einmal das Tageslicht gesehen hatte. Bis ihn der Rektor des Londoner Rabbinerseminars in Amsterdam aufspürte, um ihn zurückzuholen.

Lionel Blue war da bereits zu der Ansicht gekommen, er habe im organisierten Judentum als Schwuler nichts zu suchen, schon gar nicht als Rabbiner. Umso wichtiger ist es dann, dass jemand kommt und uns bei der Hand nimmt, wie dieser Lehrer es bei Lionel Blue getan hat. Er hat ihm gesagt: Du bist einer von uns, dich können wir im Judentum gebrauchen.

Zeugen

Das Judentum hat viele Gesichter. Im Eingangsbereich des Diaspora-Museums in Tel Aviv trafen die Besucher lange Zeit auf eine Fotowand mit Porträts von Juden unterschiedlicher Herkunft: Rothaarige, blonde und mediterrane Typen fanden sich neben indischen und schwarzhäutigen äthiopischen Juden. Die israelische Gesellschaft ist ein Spiegelbild dieser ethnischen und kulturellen Vielfalt:

In Israel sind heute Juden aus mehr als 120 Herkunftsländern zu Hause.

Juden und Jüdinnen in aller Welt sind Angehörige eines Kollektivs, in dessen Wesen die Verschränkung des Ethnisch-Nationalen mit dem Ethisch-Religiösen zum Ausdruck kommt, wie es schon der jüdische Gelehrte Saadia Gaon (882–942) formuliert hat: »Unser Volk ist nur ein Volk durch seine Lehren.« Die Bezeichnung »Volk Israel« macht die Kontinuität der jüdischen Gemeinschaft durch die Geschichte hindurch deutlich. Alle Juden sind miteinander durch den am Sinai eingegangenen Bund (*berit*) mit dem Ewigen verbunden. Das jüdische Volk nahm mit der Tora am Sinai eine besondere Verpflichtung für alle Zeiten an: Zeugen des Ewigen, als Priestervolk ein Vorbild und ›Licht der Völker‹ zu sein.

Der ethische Monotheismus ist dieses Licht, das mit Israel in die Welt gekommen ist. Wo er später andernorts zu finden ist, dort ist er mittelbar oder unmittelbar von Israel hergekommen. Der lange Verlust nationaler Exklusivität stärkte die besondere sittliche Aufgabe aller Juden: die Besonderheit der geschichtlichen Stellung als eine Besonderheit religiöser Pflichten aufzufassen. So hat die *Central Conference of American Rabbis* 1999 in Pittsburgh erklärt, dass das jüdische Volk durch den ewigen Bund Gottes unter den Völkern die Gegenwart Gottes bezeugt. Juden seien durch diesen Bund und durch ihre Geschichte an jedem Ort und zu jeder Zeit miteinander in der Verantwortung verbunden, Gott zu bezeugen, ihm verpflichtet zu sein und seinem Weg zu folgen.

RELIGION UND MODERNE

Das Judentum in der Moderne

Vor einigen Jahren war ich mit der Herausgabe einer Sammlung aus der jüdischen Gebetstradition beschäftigt *(Frieden in Fülle komme vom Himmel, Freiburg im Breisgau 2011)*. Ein niederländischer Kollege meinte dazu leicht abschätzig: ein Buch – ob das nicht etwas altmodisch sei. Heute könne man doch auf dem Computer für jeden Gottesdienst Texte maßschneidern, aus vielen Alternativen auswählen, hier etwas anreichern und da etwas weglassen. Gebetserlebnis als Surfen durch die spirituellen Kanäle digitaler Religion?

»*Gott fragte Adam: ›Wo bist du?‹ Was heißt das? Die Heilige Schrift ist ewig: Jede Zeit, jede Generation und jeder Mensch sind in ihr beschlossen. Darum fragt Gott eigentlich jeden Menschen zu jeder Zeit: ›Wo bist du in deiner Welt?‹*« *(Rabbi Schneur Salman aus Reussen)*. Der Prozess religiöser Innovation ist also nichts Schlechtes: Dem Menschen wird im Judentum bei der Offenbarung des Willens Gottes ein hohes Maß an Mitwirkung gegeben. Der andauernde Prozess menschlicher Interpretation wird zum stetigen Offenbarungsprozess, der weit über das einmalige Sinaigeschehen hinausgeht. »Glaube« wird zu einer spannenden Entdeckungsreise auf dem Weg, als Jude den Willen Gottes zu erfassen, verborgene Wahrheiten und Ansichten zu entdecken.

»*Sondere dich nicht von der Gemeinde ab und glaube nicht für dich allein*« *(Rabbi Hillel)*. Trotz des hohen Grades individueller Einsicht und Entscheidungsfähigkeit des Einzelnen im Judentum ist das Gemeinschaftsmoment wesentlich: sei es Religions- oder Schicksalsgemeinschaft. Und Gemeinschaft braucht Merkzeichen. Sie stellen das erkennbar Bleibende dar, das ein Gotteserlebnis an das andere knüpft. Wir sind, wer wir sind, durch diejenigen, mit denen wir in Beziehung stehen. Jüdische Identität ist folglich ständig im Fluss. Sie drückt sich als Beziehung aus: zwischen dem Denken der Vergangenheit, der Selbstvergewisserung der eigenen religiösen Gemeinschaft und den Herausforderungen des heraufziehenden Jahrhunderts. Judentum im 21. Jahrhundert muss also den Brückenschlag leisten zwischen dem Althergebrachten, dem Festgelegten und dem Bleibenden auf der einen Seite und dem notwendigen Wandel, der Aktualisierung, dem Schöpferischen auf der anderen.

Seit der Aufklärung hat sich das Judentum in mindestens vier religiösen Grundrichtungen entwickelt. Zur Jahrtausendwende machten bei einer Umfrage in den USA nur noch 10 Prozent ihr Häkchen bei orthodox, 26 Prozent deklarierten sich als konservativ, 38 Prozent als liberal, und 20 Prozent bezeichneten sich als »irgendwie jüdisch«, also quasi als säkulare Juden *(National Jewish Population Survey der United Jewish Communities 2000/01).* Damit ist der frühere absolute Wahrheitsanspruch von Tradition längst einer mehrdeutigen Beschreibung letztgültiger Wirklichkeiten gewichen. Und global gesehen stehen wir im 21. Jahrhundert vor einem universalen Marktplatz religiöser Möglichkeiten, die medial weltweit verbunden sind. Der Säkularismus gehört dazu.

»Rabbi Levi sagte: Gott erscheint für Israel wie ein Bild, auf dem überall viele Gesichter zu sehen sind. Tausende Menschen betrachten es, und es sieht jeden von ihnen an« (Pesikta de RavKahana 12,25). Damit ist die Frage angeschnitten: Was verleiht mir geistige Identität – innerhalb einer Gemeinschaft und im Gegensatz zu einer anderen? Es kann keinen Zweifel geben, dass wir, beginnend mit der Aufklärung vor über zweihundert Jahren, in eine Phase eingetreten sind, die von einem dramatischen Wandel aller Bedingungen des Daseins gekennzeichnet ist – das religiöse Bewusstsein nicht ausgenommen. Nur so erkläre ich mir, mit welcher Hingebung oft an traditionellen Glaubensmustern festgehalten wird, um sich im Schoß althergebrachter Gewissheiten zu bergen. Der Modernisierungsschub seit der Aufklärung befreit nicht nur, er ruft Panik in uns hervor, aus der die Gegenaufklärung ihre Kraft schöpfen kann. Individuell gesehen ist die Bereitschaft von jeher groß, das Projekt Zukunft abzubrechen. *»Judentum, das hinter die Aufklärung zurück will, gleicht einem Salto mortale in die Welt des Schulchan Aruch«* (Rabbiner Ignaz Maybaum, 1897–1976).

Neben der Flucht durch Fundamentalisierung besteht die Gefahr des Synkretismus. *»Die Berliner Neu-Orthodoxen, die mit der Schinkenstulle in der Hand für den Schulchan Aruch schwärmen!«* (Rabbiner Ludwig Philippson, 1811–1889). Das Religiöse beginnt sich zu verselbstständigen und loszulösen aus dem institutionellen Rahmen.

Religion heute ist oft gekennzeichnet von einer Verflüchtigung ins Private und einem stillschweigenden Misstrauensvotum gegenüber der scheinbaren Unentbehrlichkeit religiöser Autorität. Hier lauert die Gefahr der Vermischung aller möglichen Sinnstiftungsangebote vom ökologischen Mystizismus über die Spiritualität des New Age bis hin zum Therapie-Okkultismus mit traditionellen Elementen und Symbolen nicht nur des Judentums, sondern auch der anderen Weltreligionen.

Das Judentum des 21. Jahrhunderts steht aus meiner Beobachtung weniger am Scheideweg zwischen Säkularismus und Religion. Die Kernfrage wird lauten: Finden wir einen Weg zwischen Fundamentalismus und Synkretismus, zwischen Isolation und Assimilation?

Leo Baeck hat für mich sehr gut formuliert, was das Ziel unseres Lebenswegs sein sollte: Gerechtigkeit. Diese aber wird durch Werke und Leistungen, durch Pflichterfüllung und das Ringen um das Gebot erlangt. Mit der Orientierung auf die sittliche Tat tritt die Frage nach der geglaubten »Wahrheit« im Judentum in den Hintergrund. In der aktiven Suche nach Gerechtigkeit zeige ich als Jude Treue zum eigenen Ursprung, Treue zu den Schriften vergangener jüdischer Erfahrung, Treue zu den maßgeblichen Elementen, die das Judentum wesentlich und existenziell ausmachen, und Treue gegenüber der »Wahrheit«, die in meinem eigenen Traditionsgut verborgen ist und immer wieder an neue Generationen überliefert wird.

Für Jüdinnen und Juden im 21. Jahrhundert wird die Suche nach der eigenen und spezifischen »Wahrheit« zu einem Auftrag, an der Veränderung der Welt zum Guten hin aktiv mitzuwirken. Dieser Auftrag schlägt eine Brücke zwischen der säkularen Welt und uns, die wir uns als Juden in ihr wiederfinden. Von ganz entscheidender Bedeutung wird sein, Dialogfähigkeit zu gewinnen, die das eigene jüdische Fundament durch die Begegnung und die Erfahrung mit dem anderen festigt und stärkt. In der offenen Gesellschaft von heute werden wir nur dann zu einem profilierten und erfolgreichen Miteinander gelangen, wenn wir Juden unseren eigenen Standpunkt in der Auseinandersetzung mit unserer geistigen Umwelt gewinnen. Die Frage »Wer bin ich?« kann nur im Zusammenhang mit der Frage beantwortet werden »Wer ist der Andere?«

Dazu müssen wir die Grammatik und das Zeichensystem unseres eigenen Herkommens beherrschen und ihre Lesbarkeit in der Zukunft garantieren. Aber wir müssen auch damit fertig werden, dass Pluralismus bedeutet, mit der Koexistenz unterschiedlicher Lesarten fertig zu werden: innerhalb des Judentums und im Wettstreit unterschiedlicher Weltanschauungen. Das sollte uns Juden nicht aus der Bahn werfen, die wir uns vielleicht als exklusiv betrachten, aber ohne jeden Ausschließlichkeitsanspruch. Denn im Midrasch Schemot Rabba V.9 wird von Rabbi Jochanan berichtet: ihm zufolge habe Gottes Stimme sich am Sinai erst in sieben Stimmen und dann in siebzig Sprachen geteilt – damit alle Völker außerhalb des Bundes Anteil bekommen an dem, was zu Israel und in Israel gesagt wurde. Damit ist ausgedrückt, dass das Offenbarungserlebnis als Schritt zur geistigen Befreiung allen Menschen gleichermaßen zuteilwerden soll.

Wer sich diesem Pluralismus als grundsätzlicher Lebenshaltung öffnet, geht durch manche Finsternis der Unwägbarkeit. Zu konstruktiver Toleranz ist aber nur der fähig, der durch die Lebenskunst des Dialogs seine eigene jüdische Identität geschärft hat. Keine Identität ohne Begegnung, keine Begegnung ohne Identität. Dabei bietet die Identität des Anderen gleichzeitig die Möglichkeit der Begegnung mit mir selbst. Deshalb ist vor allem anderen wichtig, dass wir die Identität anderer Weltanschauungen und Geisteshaltungen ehren und anerkennen. Nur auf der Ebene der Anerkennung ist Begegnung erreichbar.

»Gott liebt die Gerechten. Warum? Weil ihre Tugend nichts Ererbtes ist. Selbst ein Heide kann aber ein Gerechter werden. Denn die Gerechten kommen nicht aus einem bestimmten Stamm, sie haben sich diesen Vorzug erworben« (Midrasch Tehillim zu Psalm 146,8). Wir müssen davon Abstand nehmen, den je Anderen abwerben oder überzeugen zu wollen. Wir müssen lernen, Rechthaberei abzulegen. Nur so werden wir lernen, mit den Augen des Anderen verstehen zu lernen.

Zugleich werden wir aus dem Schatz unserer Tradition weiterhin Anhaltspunkte gewinnen können, wie wir unser Leben verantwortlich gestalten sollen. Wir brauchen solche Merkzeichen aus der Vergangenheit, denn aus der Spannung von Kontinuität und Wandel entsteht ein geistiges Klima, das uns eigenständige Wege in die Zukunft weist. Das Judentum als Religions- und Schicksalsgemeinschaft bleibt auch in einer Welt des Relativismus zukunftsfähig: durch die Besinnung auf den eigenen ethischen Standpunkt vor dem Horizont der Moderne und durch den festen Willen zur Kooperation, auch angesichts offensichtlicher Differenz zwischen den Religionen und Weltanschauungen.

»Ich glaube an die Zukunft. – Sei er auch noch so fern, der Tag wird doch kommen, an dem man nach Frieden strebt und eine Nation die andere segnet« (Saul Tschernikowsky).

Bibelkritik und Aufklärung

Zwischen 1774 und 1778 veröffentlichte Gotthold Ephraim Lessing in seinen »Fragmenten des Wolfenbüttelschen Ungenannten« die grundlegende Einsicht der Aufklärung: Vernunftwahrheiten können nicht von zufälligen Geschichtswahrheiten abhängig gemacht werden. Diese auf Hermann Samuel Reimarus zurückgehende Aussage löste mit seiner radikalen Bibelkritik und der Infragestellung von Wundern den »Fragmentenstreit« aus, die entscheidende theologische Auseinandersetzung des 18. Jahrhunderts.

1778 wurde Lessing mit einem theologischen Publikationsverbot belegt. Doch mit dem Drama »Nathan der Weise« äußerte er sich mit literarischen Mitteln weiter. Reimarus und Lessing eröffneten die Möglichkeit, zwischen dem Buchstaben der Bibel und ihrem Geist zu unterscheiden. So gebe es einen tiefgreifenden Unterschied zwischen dem, wer Jesus wirklich war, und dem, was seine Jünger über ihn verkündeten. Es war der Beginn einer Abkehr von traditioneller Dogmatik hin zu einem Primat der Ethik, wie er Aufklärung und Deutschen Idealismus geprägt hat. Mit der Ringparabel ließ Lessings »Nathan« 1779 die Frage offen, ob die einzelnen religiösen Ausprägungen durch einen allgemeinen Humanismus abgelöst würden. In der Debatte war eine Frage besonders interessant: Wie sollten Protestanten, die durch Aufklärung und Bibelkritik dazu geführt wurden, das Dreeinigkeitsdogma abzulehnen und die göttliche Natur Jesu zu leugnen, damit fertig werden und es ertragen, dass sie dort hinstrebten, wo das Judentum längst stand. Was für das protestantische Christentum zum Problem wurde, öffnete das Tor zur jüdischen Emanzipation des 19. Jahrhunderts und dem, was Hermann Cohen 1919 die »Religion der Vernunft aus den Quellen des Judentums« nennen konnte.

Erfolgskonzept Toleranz

Europa, wie wir es heute kennen, ist das Ergebnis einer langen Entwicklung von Pluralisierung. In der Reformation wurde die eine allumfassende christliche Kirche durch zwei Kirchen ersetzt. Nach der Aufhebung des Edikts von Nantes 1685 durch Ludwig XIV. folgte ein Exodus von rund 500 000 Hugenotten aus Frankreich, der in ganz Europa hitzige Debatten über religiöse Toleranz und Religionsfreiheit auslöste. Sie wie auch die 20 000 Salzburger Exulanten von 1731 fanden Zuflucht beim König von Preußen oder in den Niederlanden. Großer wirtschaftlicher Aufschwung war die Folge. Toleranz wird zum Erfolgskonzept. Ein langer Lernprozess brachte uns Europäer also dazu, Toleranz und Religionsfreiheit zum prägenden Merkmal unserer Gesellschaft zu machen. Die Aufklärung half uns zu verstehen: Religiöser Dissens kann toleriert werden, so lange er sich auf den Bereich persönlicher Religionsausübung beschränkt und das gesellschaftliche Zusammenleben nicht beeinträchtigt.

Letztlich ermöglichte dies dem Judentum zu Beginn des 19. Jahrhunderts, seinen Platz in der Gesamtgesellschaft einzunehmen. Das Judentum ist also Nutznießer der Relativierung von religiöser Wahrheit. Sind wir selber auch tolerant? Der Rechtswissenschaftler Asher Maoz von der Universität Tel Aviv meint: Das Judentum bejaht die Religionsfreiheit, wenn sie sich auf die Koexistenz mit anderen Religionen bezieht. Auch innerhalb des Judentums gebe es die Freiheit zur Meinungsvielfalt. Juden leben also aus der Einsicht, dass innerhalb des Judentums und außerhalb des Judentums mehr als eine Wahrheit existieren. Was wir als die Wahrheit erachten, kann also ebenso wie das genaue Gegenteil vor Gottes Augen Zustimmung finden. Einzig der Übertritt in eine andere Religion findet wenig Toleranz. Das Judentum ist eben eher eine Schicksalsgemeinschaft als eine Glaubensgemeinschaft.

Jüdische Theologie

Die Definition dessen, was der Terminus »Religion« zu einer bestimmten Zeit für eine bestimmte Glaubensrichtung bedeutet, hängt grundsätzlich stark von dem gesellschaftlichen Klima ab, in dem sich diese theologische Aufgabe stellt: Es gibt eine Interaktion zwischen »Gesellschaft« und »Religion«. Dementsprechend war auch die jüdische Theologie in hohem Maße von ihrem jeweiligen gesellschaftlichen Umfeld bestimmt, in dem sie als Fremde ihr ureigenes Sein zu entfalten suchte. Dabei zeigt sich, wie gerade in Zeiten offenen kulturellen Austausches auf jüdischer Seite ganz bewusst Gehalt und Eigenart des jüdischen Glaubens reflektiert werden. Auch in den Jahrhunderten der Entstehung der Bibel und des Talmud war es immer wieder zu bestimmten Modifizierungen mit dem Ziel gekommen, die Kontinuität der eigenen Religion zu wahren und zugleich Raum zu schaffen für Weiterentwicklung und Anpassung.

Moderne jüdische Theologie muss deshalb, wie jede Disziplin des Denkens, ihre Aufgabe für sich und für ihre Adressaten definieren. Rabbiner Louis Jacobs (1920–2004) sieht ihre Aufgabe darin, »ein geschlossenes Bild dessen zu vermitteln [...], was man als Jude heute ohne Ausflüchte und bei Wahrung seiner intellektuellen Redlichkeit glauben kann«. Nach seiner Definition unterscheidet sich Theologie dabei grundlegend von anderen Perspektiven auf das Judentum, da der theologisch Interessierte der Wahrheit der wissenschaftlichen Lehre von Gott innerlich verpflichtet ist und sie ernst und persönlich nimmt als etwas, das sein Leben bestimmen kann. Es geht also darum, den tieferen Sinn der jüdischen Religion beständig neu zu durchdenken, in Auseinandersetzung mit der Tradition und im Licht der Gegenwart. Eugene B. Borowitz (1924–

2016) fasst dieses Phänomen in den Satz: »Jüdische Theologie ist das Produkt einer sozialen Kreuzung.«

Theologie an der Universität

Im Kulturkampf vor zwei Jahrhunderten wurde die Frage gestellt, ob wissenschaftliche Theologie eher in staatlichen Universitäten oder aber in eigenen kirchlichen Seminaren oder Hochschulen betrieben werden sollte. Nach heftigen Kontroversen setzte sich im deutschsprachigen Raum die Auffassung durch, dass die (christliche) Theologie ihren Ort in der Universität habe. Das hatte gute Gründe. Zum einen bleiben religiöse Orientierungen eine wesentliche Quelle gesellschaftlicher Wertvorstellungen und eine Basis individueller Lebensführung. Der Staat kann die religiösen Prägungen seiner Bürger für die Gesellschaft fruchtbar machen. Deshalb hat der Staat ein Interesse an der Einbindung der Theologien in das staatliche Hochschulsystem. Eine Abgrenzung in eigenständige religiöse Institutionen könnte dagegen eine Entwicklung fördern, in der Religionen sich selbst genug sind. Die Integration der Theologie in die Universität konfrontiert die Religionsgemeinschaften selbst mit der Aufgabe, ihren Glauben unter sich wandelnden Wissensbedingungen immer neu auslegen zu müssen. Damit beugt der Staat nicht zuletzt Tendenzen der religiösen Fundamentalisierung vor.

Doch auch die Universität zieht ihren Nutzen daraus. Im Wissenschaftssystem treten nämlich Fragestellungen auf, für deren Bearbeitung die Theologien und ihre ethischen Systeme hilfreich sein können. So fördern Theologien als Teil der Universität die kritische Reflexivität der wissenschaftlichen Weltsicht und bieten Deutungsmöglichkeiten menschlicher Existenz. Deshalb ist es nur konsequent, wenn jetzt auch für Islam und Judentum Wege gefunden werden, Theologie unter akademischen Bedingungen zu betreiben. Die Luft der Universität macht frei und doch bindet sie uns Theologen durch ein historisch-kritisches Instrumentarium: zum Wohl von Theologie, Religion, Gesellschaft und Universität.

Universitätsstudium für Geistliche

Mit der Einrichtung von Islamischen Zentren in deutschen Hochschulen integriert Deutschland die Imam-Ausbildung als akademische Disziplin und stellt sie dem Theologiestudium von Katholiken und Protestanten gleich. Im 19. Jahrhundert war es Rabbiner Abraham Geiger, der die akademischen Instrumentarien als Mittel erkannte, die jüdische Identität im Emanzipationsprozess zu reflektieren und die Rabbinerausbildung der Ausbildung christlicher Geistlicher gleichzustellen. Als er 1872 schließlich die *Hochschule für die Wissenschaft des Judentums* in Berlin errichtete, war diese allerdings kein Teil der Friedrich-Wilhelms-Universität.

Vier Jahrzehnte später sprach sich der evangelische Theologe Martin Rade (1857–1940) für die Errichtung einer Jüdischen Fakultät aus und begründete dies politisch. »Wir fordern eine jüdisch-theologische Fakultät im Interesse der deutschen Kulturnation.« Das Judentum müsse »als eine lebendige Religion von 600.000 Reichsdeutschen« begriffen werden, »hinter denen in der Welt eine Gemeinde von über elf Millionen steht«. Der renommierte Alttestamentler Hermann Gunkel (1862–1932) antwortete Martin Rade im März 1912 auf dessen Forderung nach einer jüdisch-theologischen Fakultät: »Was ich persönlich von jüdischer ›Wissenschaft‹ kennen gelernt habe, hat mir nie einen besonderen Respekt eingeflößt. Unsere jüdischen Gelehrten haben zumeist noch nicht einmal die Renaissance erlebt!«

Gunkels Ablehnung obsiegte und mit der Schoa setzte die Kulturnation Deutschland eine grausame Zäsur. Seit dem Wintersemester 2013/14 gibt es nun erstmals an einer deutschen Hochschule Jüdische Theologie als Studienfach: Mit der *School of Jewish Theology* der Universität Potsdam bewegt sich die Jüdische Theologie damit auf akademischer Augenhöhe mit den christlichen Theologien und den neuen islamischen Zentren.

Vernunft und Geschichte

Zwischen 2007 und 2012 veröffentlichte Joseph Ratzinger die drei Bände seines Werks »Jesus von Nazareth«. Nach dem Erscheinen des ersten Bandes, der sich den neutestamentlichen Texten über das öffentliche Wirken Jesu widmet, wunderte ich mich, dass es von jüdischer Seite kaum eine Beschäftigung mit dem Jesus-Buch des Papstes zu geben schien. Weil ich so gar nichts fand, befragte ich meinen Kollegen Rabbiner Michael A. Signer (1946–2009), Professor für jüdische Kultur und jüdisches Denken an der katholischen Notre Dame University Indiana, USA. Er war einer der Initiatoren von *Dabru Emet* (»Redet Wahrheit«), einer jüdischen Stellungnahme zur positiven Bedeutung des Christentums aus dem Jahr 2002. Auch Signer wusste von keinen nennenswerten jüdischen Stellungnahmen zum Jesus-Buch des Papstes (außer der Jacob J. Neusners, von dem noch die Rede sein wird). Da Joseph Ratzinger ins Zentrum seines Buches ein Andachtsbild von Jesus als dem »Christus« gestellt habe, das gerade über die Lücken hinwegführen soll, die die historisch-kritische Forschung klaffend geöffnet hatte, habe es wohl wenig ernsthaftes Interesse von jüdischen Wissenschaftlern gegeben.

In der Tat ist Joseph Ratzinger der historische Jesus zu mager geworden, den die Wissenschaft der letzten zwei Jahrhunderte übriggelassen hat. »Der Riss zwischen dem ›historischen Jesus‹ und dem ›Christus des Glaubens‹

wurde immer tiefer, beides brach zusehends auseinander ... Die Fortschritte der historisch-kritischen Forschung führten zu immer weiter verfeinerten Unterscheidungen zwischen Traditionsschichten, hinter denen die Gestalt Jesu, auf den sich doch der Glaube bezieht, immer undeutlicher wurde, immer mehr an Kontur verlor ...« Kardinal Christoph Schönborn hob bei der Buchpräsentation in Rom hervor, dass es der jüdische Gelehrte Jacob J. Neusner (1932–2016) gewesen sei, der den Pontifex durch sein Buch »Ein Rabbi spricht mit Jesus« zu seinem Werk angeregt habe.

Man muss Joseph Ratzinger zugute halten, dass er seiner Glaubenshaltung eine jüdische Position gegenüberstellt. Denn von christlicher Seite wurden Beiträge der jüdischen Jesusforschung zumeist nicht als heilsame Infragestellung der eigenen Position oder gar als Gesprächsangebot empfunden, sondern als Anmaßung. Seit Abraham Geiger in der ersten Hälfte des 19. Jahrhunderts haben sich eine Reihe jüdischer Denker mit Jesus beschäftigt: Joseph Klausner, Leo Baeck, Claude G. Montefiore, Robert Eisler, Joel Carmichael, Martin Buber, Schalom Ben-Chorin, Hans-Joachim Schoeps, Pinchas Lapide, David Flusser, Ben Zion Bokser, Robert Raphael Geis, Samuel Sandmel, Hyam Maccoby, Ernst Ludwig Ehrlich, Michael Wyschogrod – und eben Jacob J. Neusner. (Dies sind nicht einmal alle Namen derjenigen, die man hätte aufführen können, wenn man die neuzeitliche Beschäftigung des Judentums mit Jesus hätte darstellen wollen.) Leider bleibt Jacob Neusner der einzige jüdische Sparringspartner, der immer wieder in Joseph Ratzingers Werk auftaucht. Interessant ist Joseph Ratzingers Anknüpfungspunkt bei Neusner dennoch. Denn er zeigt, dass die jüdische Beschäftigung mit Jesus auch Christen motivieren kann, über diesen bedeutenden Juden nachzudenken und sich daran zu erinnern, dass seine jüdische Herkunft kein kultureller Zufall gewesen sein könnte, sondern ein Teil der christlichen Heilsgeschichte.

Seit dem 19. Jahrhundert war eine breite geistige Auseinandersetzung um die »Heimholung Jesu« in das Judentum zu beobachten: als exemplarischen Juden, als mahnenden Propheten, als Revolutionär und Freiheitskämpfer, als großen Bruder und messianischen Zionisten. Den Anstoß dafür gaben das Denken des protestantischen Gelehrten Julius Wellhausen (1844–1918) und die historisch-kritische Bibelwissenschaft. Julius Wellhausen hatte den Satz formuliert, an dem Christen wie Juden sich in der Folge abarbeiteten: Jesus war kein Christ, sondern Jude. Für jüdische Ohren des 19. Jahrhunderts ein ganz erstaunlicher Satz. Er traf auf eine Gemeinschaft, die im Zuge der Aufklärung nach bürgerlicher Gleichstellung strebte und sich dabei durch die Leitidee eines »christlichen Staates« behindert sah. So wird schnell klar, dass diese jüdische Beschäftigung mit der zentralen Gestalt des Neuen Testaments nicht grundsätzlicher Natur gewesen ist; sie erfolgte aus einem apologetischen Impuls: dem Wunsch nach Teilhabe an der allgemeinen Gesellschaft ohne Aufgabe der eigenen jüdischen Identität. Wie gut also, dass selbst Jesus Jude war!

Joseph Ratzinger formuliert an einer Stelle – ablehnend – alles, was ein Jude über Jesus sagen könnte: »dass wir jedenfalls wenig Sicheres über Jesus wissen und dass der Glaube an seine Gottheit erst nachträglich sein Bild geformt« hat. »Dieser Eindruck ist inzwischen weit ins allgemeine Bewusstsein der Christenheit gedrungen«, warnt der päpstliche Autor. Dies sei »dramatisch für den Glauben, weil sein eigentlicher Bezugspunkt unsicher wird«. »Was aber kann der Glaube an Jesus den Christus, an Jesus den Sohn des lebendigen Gottes bedeuten, wenn eben der Mensch Jesus so ganz anders war, als ihn die Evangelisten darstellen und als ihn die Kirche von den Evangelien her verkündigt?«, fragt sich Joseph Ratzinger. Ja was? Der Papst will deutlich machen, dass solche Jesus-Bilder lediglich »Fotografien« der jeweiligen Wissenschaftsautoren waren, aber keine Freilegung des historischen Jesus der Bibel. Seine Antwort ist klar: Wenn Gott in die reale Geschichte tritt, *incarnatus est*, muss sich dieser Glaube auch der historischen Forschung aussetzen, schlussfolgert Joseph Ratzinger. Damit würdigt er zwar die Ergebnisse der modernen Exegese, bezweifelt aber die Reichweite deren Methoden. Die historisch-kritische Forschung könne den Glauben, dass der Mensch Jesus zugleich Gott war, nicht erfassen.

Gerade die analoge Wirkung der jüdischen und christlichen Leben-Jesu-Forschung könnte ein tieferer Grund dafür sein, wenn es manche Methode der Exegese künftig schwieriger haben wird im Vatikan – auch wenn Joseph Ratzinger sein Buch nicht als lehramtlichen Akt verstanden wissen will. Denn dem Autor geht es darum, den Prozess der Schriftwerdung »von Jesus Christus her« zu betrachten. Seine Position im Verhältnis von Altem zu Neuem Testament ist kategorisch die des Glaubens *a priori*. Problematisch ist für Juden das Postulat Joseph Ratzingers, dieser Glaubensentscheid trage »historische Vernunft« in sich. In seiner Enzyklika *Spe salvi* (30. November 2007) formulierte Benedikt XVI. diese Verschränkung von Glaube und Vernunft als zentralen Gedanken: »Darum braucht die Vernunft den Glauben, um ganz zu sich selbst zu kommen: Vernunft und Glaube brauchen sich gegenseitig, um ihr wahres Wesen und ihre Sendung zu erfüllen.« Die jüdische Herangehensweise setzt hier einen deutlichen Kontrapunkt zu der platonischen Herangehensweise Joseph Ratzingers, der eine *relecture* der Hebräischen Bibel unter den Voraussetzungen des christlichen Glaubens als »historische Vernunft« bezeichnet sehen will. So konstatierte gegen Ende des 19. Jahrhunderts der *Rabbiner-Verband in Deutschland,* eine Vereinigung nicht-orthodoxer Rabbiner: Solange Christen »an der Überlieferung der Inkarnation, der erlösenden Macht Jesu und an der Verwerfung des Gesetzes als grundlegendem geistigem und ethischem Prinzip festhalten, [...] wird das Christentum nicht frei sein von Elementen, die den Ansprüchen der Vernunft zuwiderlaufen, [...] und es ist unsere Aufgabe, aus dem Reichtum des reinen Monotheismus – und damit aus dem Reichtum reinster Sittlichkeit – etwas beizutragen zur menschlichen Kultur im allgemeinen und zu unserer deutschen Kultur im besonderen«. Auf dem »Welt-

kongreß für freies Christentum und religiösen Fortschritt«
1910 sprach sich der jüdische Philosoph Hermann Cohen
gegenüber Adolf von Harnack (1851–1930) gegen jegliche
religiöse Stiftergestalt aus: »Alle Anknüpfung der Religion
aber an eine Person setzt sie der Gefahr des Mythos aus.
Denn der Grundsinn des Mythos ist die Personifikation
alles Unpersönlichen.«

Aus jüdischer Perspektive ist deshalb Joseph Ratzingers
Vernunftbegriff trügerisch, weil er den Glauben voraus-
setzt. Wenn aber das Christentum einen bedeutsamen Anspruch auf die Wahrheit erheben will, dann muss es sich
seit der Aufklärung denselben Verfahren der Prüfung und
Verifikation unterwerfen, wie sie in den profanen Wissen-
schaften angewandt werden. Rabbiner Abraham Geiger
hat das jüdische Verständnis von Vernunft gut zusammengefasst. Auf einem Bildnis aus seinen Breslauer Jahren als
Rabbiner an der dortigen Storchen-Synagoge, das nach
1840 entstanden sein dürfte, finden wir sein Motto:
»Durch Erforschung des Einzelnen zur Erkenntnis des
Allgemeinen, durch Kenntnis der Vergangenheit zum Verständnis der Gegenwart, durch Wissen zum Glauben.«
Joseph Ratzingers Jesus-Trilogie scheint nahelegen zu wollen, man müsse genau umgekehrt vorgehen.

Öffentliche Religion

Religion muss sichtbar sein im öffentlichen Raum. Denn der säkulare Staat als Konzept bedeutet nicht die säkulare Gesellschaft. Und in der Gesellschaft ist es wichtig, Flagge zu zeigen und Anknüpfungspunkte zu bieten. An möglichst vielen Schnittstellen im Leben soll Religion dem Menschen sichtbar begegnen. Das fängt bei den wichtigen Zäsuren des eigenen Lebens an: der Feier von Geburt, dem Eintritt ins verantwortliche Erwachsensein, der religiösen Heirat, dem Abschied vom Leben. Diese Momente feiern wir meist öffentlich – und gerne in einem bewusst religiösen Kontext.

Aber auch die sakralen Bauten gehören zu unserem Verständnis der Rolle von Religion dazu. In vielen Ländern gehören sie zum nationalen historischen Erbe. Noch im 19. Jahrhundert durften in einer Reihe deutscher Länder Synagogen nicht im Straßenbild auffallen. Zumeist wurden sie im Hinterhof gebaut und hatten keine sichtbare Front zur Gasse. Monumentale freistehende Synagogen kennen wir eigentlich erst aus dem zweiten deutschen Kaiserreich. Am 9. November 1938 wurden diese Bauten brachial ausgemerzt. Das Judentum sollte nicht mehr sichtbarer Teil des Gemeinwesens sein. Die Sichtbarkeit im öffentlichen Raum ist ein Indiz für die Toleranz und Anerkennung in der Gesellschaft. Und sie unterstreicht die konstruktive Kooperation, mit der Staat und Religionen sich aufeinander einlassen.

Deshalb war es von großer Bedeutung, dass am 4. November 2010 der deutsche Bundespräsident Christian Wulff an der Ordination der ersten Frau zur Rabbinerin in der Bundesrepublik Deutschland in der Berliner Synagoge Pestalozzistraße teilnahm. Deren Vorgängerin Regina Jonas war 1935 noch klammheimlich ordiniert worden. Diesmal war es ein höchst sichtbares Fest, an dem viele Repräsentanten gesellschaftlicher Kräfte zusammenfanden: aus Parlament, Regierung, Kirchen, ehemals regierenden Häusern und Zivilgesellschaft. Relevanz und Sichtbarkeit sind untrennbar. Ich möchte, dass religiöse Bekenntnisse aller Bürger sichtbarer und wirksamer Teil des Staatswesens sind und einen relevanten Beitrag in unserer Gesellschaft leisten.

Stammzellforschung

Israel ist ein Zentrum embryonaler Stammzellforschung. Der Biotec-Bereich gehört zu seinen Wachstumsmärkten. Auch in den USA hat es Diskussionen dazu gegeben. Es war einmütige Meinung liberaler, konservativer und orthodoxer Juden, embryonale Stammzellforschung zu erlauben. Denn das Judentum steht neuen biologischen Erkenntnissen positiv gegenüber, vor allem wenn der potentielle Nutzen die Bedenken überwiegt. Nach der

Tora hat der Mensch das Recht und die Pflicht, sein Wissen zu erweitern, um Krankheiten zu heilen.

Dabei ist die jüdische Definition vom Beginn des Lebens unterschiedlich von der katholischen Meinung: Das ungeborene Leben besitzt im Judentum nicht ab der Befruchtung volle Rechte. Bis zur Geburt wird der Embryo oder Fötus als Teil der Mutter und nicht als eigene Person angesehen. Deshalb hat das gefährdete Leben der schwangeren Frau Priorität vor dem ungeborenen Leben des Kindes. Der Fötus erlangt gemäß talmudischer Auslegung erst dann Personenstatus und damit gleiche Rechte wie die Mutter, wenn während der Geburt der größere Teil des Kindes bereits aus dem Uterus herausgekommen ist.

Von besonderer Bedeutung ist die Tatsache, dass der Embryo bis zum vierzigsten Tag nach der Befruchtung einen geringeren Status besitzt als nachher. Der Prä-Embryo *vor* der Implantation in den Uterus, wie er nach künstlichen Befruchtungen entsteht, hat also eine besondere Stellung. Außerhalb des Mutterleibs ist er nicht lebensfähig und in einem Entwicklungsstadium unterhalb der Vierzig-Tage-Grenze. Kann ein solcher Prä-Embryo nicht weiterverwendet werden, so kann eine Zerstörung zulässig sein. Ist es dann nicht besser, am Prä-Embryo zu forschen und dadurch potentiell lebensrettenden Nutzen zu gewinnen, als ihn bloß zu zerstören?

Homosexualität

Wie kam es zum »Zweiten Libanonkrieg«? Der Grund für die Kämpfe zwischen Israel und der Hisbollah zwischen Juli bis September 2006 sei die »Gay Pride and Tolerance Parade« gewesen, die am 10. November 2006 in Jerusalem stattfand. Zumindest sind davon Tausende von ultraorthodoxen Juden überzeugt. In einer Flugblattaktion wurde jedem ein Kopfgeld geboten, der »den Tod von einem der Sodom-und-Gomorra-Leute verursacht«. Beim Thema Homosexualität gibt es eine seltene Allianz von Traditionalisten unter Juden, Muslimen und Christen. Die Auseinandersetzung um eine zeitgemäße Betrachtung bleibt heftig.

Orthodoxe Juden tun sich schwer mit ihren homosexuellen Brüdern und Schwestern. Grund ist ein vorkritischer Umgang mit der jüdischen Tradition. Heutige medizinische Erkenntnisse erklären Homosexualität als angeborene, naturgegebene Anlage. Etwa 5 bis 10 Prozent der Bevölkerung sind homosexuell, und Juden bilden keine Ausnahme. Die traditionelle Auffassung des jüdischen Gesetzes ist daher nicht mehr angemessen. Eine Person sollte aufgrund ihres Charakters, ihrer Reife, ihres ethischen Verhaltens und ihrer Beteiligung am jüdischen Leben beurteilt werden. Das betrifft auch die Frage nach Partnerschaft. Englands Liberales Judentum setzte einen religiösen Trauritus in Kraft, als der Staat die gleichgeschlechtliche Partnerschaft gesetzlich verankerte. Die Debatten, die im nichtorthodoxen Judentum unter Rabbinern und Gemeinden geführt werden, unterscheiden sich wenig von denen in den evangelischen Kirchen. Ich meine: wir Juden haben so viel Erfahrung mit Diskriminierung und Unterdrückung. Es steht uns gut an, diesen Leidensweg denen zu ersparen, die als Geschöpfe Gottes auf Seine Nähe bauen dürfen. Homosexuelle Partnerschaften können nicht nur unseren Schutz erwarten, sondern vor allem unsere Anerkennung.

Frauen im Amt

Was macht man als Professor für interreligiösen Dialog an einem Sonntag in der Universitätsstadt Lund? Man beschließt, den Gottesdienst im altehrwürdigen Dom zu besuchen, dem ältesten Dom Skandinaviens von 1103. Der Eucharistiefeier steht eine Frau vor, würdig im roten Messgewand, neben ihr eine Diakonin und eine Reihe von Ministranten. Die Kirche von Schweden gehört zur *Porvoo Communion* und versteht sich als Teil der katholischen und apostolischen Kirche. Ihre Bischöfe stehen in der apostolischen Sukzession. So ungemein ansprechend hatte die Zelebrantin der Messe vorgestanden, dass ich recherchierte, wer sie wohl war. Lund hatte bereits zwei Bischöfinnen, Christina Odenberg und ihre Nachfolgerin Antje Jackelén, die seit Juni 2014 Erzbischöfin von Schweden mit Sitz in Uppsala ist. Beide waren es nicht, sondern die Domkaplanin Lena Sjöstrand. Schwedens Kronprinzessin Victoria ist ein weiterer Beleg dafür, dass man in Schweden kein Problem hat, altehrwürdige Ämter und Funktionen in die Hand von Frauen zu legen: in Staat *und* Kirche.

Das gibt mir zu denken. Denn ich treffe wenige Tage später die ersten Rabbinerinnen der vier amerikanischen jüdischen Strömungen: Sally Priesand, 1972 für das Reformjudentum ordiniert, Sandy Sasso, seit 1974 Rabbinerin im *Reconstructionist Judaism*, Amy Eilberg, konservative Rabbinerin seit 1985, und Sara Hurwitz, orthodoxe Rabbinerin seit 2009. Sie kamen mit über dreißig Amtskolleginnen nach Deutschland, um der ersten Rabbinerin des Judentums zu gedenken: Regina Jonas.

1928 predigte zum ersten Mal eine Frau in Deutschland: Lily Montagu auf der Kanzel des Reformtempels in der Berliner Johannisstraße. Sie bemerkte, dass es höchste Zeit sei, dass die jüdischen Frauen von den Galerien der Synagogen heruntersteigen und in das Leben der Synagoge selbst eingreifen sollten. Regina Jonas sollte die Frau werden, die diesen Ruf beantwortete. Eine Ordination durch die Hochschule für die Wissenschaft des Judentums in Berlin war ihr jedoch zunächst verwehrt. Und doch hat sie es durchgekämpft, getrieben von ihrem Glauben an die göttliche Berufung und an ihre Liebe zu den Menschen. 1935 stellte Rabbiner Max Dienemann, Geschäftsführer der Vereinigung der liberalen Rabbiner Deutschlands, die Ordinationsurkunde für Regina Jonas aus. 1942 nach Theresienstadt verschleppt, setzte sie dort ihr rabbinisches Wirken fort, bis sie 1944 in Auschwitz vergast wurde. Sally

Priesand trat 1972 ihr Erbe an. Heute ist sie bereits emeritiert. Dass sie Vorreiterin in den USA gewesen ist, hat ihr zeitlebens eine schwere Last aufgebürdet. »Ich wollte einfach nur Rabbinerin sein«, sagt sie.

Heute gibt es unter den 4000 akademisch ausgebildeten Rabbinern weltweit bereits 1000 Frauen. Das Abraham Geiger Kolleg an der Universität Potsdam ordinierte 2010 mit Alina Treiger die erste Frau seit Regina Jonas, die wieder in Deutschland ausgebildet wurde. Ein Jahr zuvor hatten die reformjüdische *Central Conference of American Rabbis* mit Rabbinerin Ellen Weinberg Dreyfus und die *Reconstructionist Rabbinical Association* mit Rabbinerin Toba Spitzer je eine Frau an der Spitze, die *Rabbinical Assembly* mit Rabbinerin Julie Schonfeld eine Frau als Generalsekretärin. 90 Prozent des amerikanischen Rabbinats waren damals durch führende Frauen vertreten. Ganz einfach.

»Mischehen«

Noch nie waren Jüdinnen und Juden so beliebt wie heute! Wie komme ich denn darauf? Eine Tagung zum europäischen Antisemitismus 2016 in Potsdam (»Das neue Unbehagen«) legt das Gegenteil nahe. Gleichzeitig sprechen Zahlen aus den USA, die das *Pew Research Center* im Herbst 2013 veröffentlicht hat, eine andere Sprache. Lässt man die Minderheit orthodoxer Juden mit ihren 10 bis 15 Prozent einmal außer Acht, dann heiraten heute 71,5 Prozent der amerikanischen Juden einen nichtjüdischen Ehepartner. Von zehn Juden heiraten nur drei jüdisch, sieben gehen mit Nichtjuden die Ehe ein. Diese Zahl war noch nie so hoch und sagt im Umkehrschluss, dass wir Juden als Ehepartner in der Gesamtbevölkerung so beliebt sind wie noch nie. Irgendwie ist das schön zu wissen. Und doch hat dieser Trend enorme Auswirkungen auf die Zukunft des Judentums und des Staates Israel. Denn Juden mit einem nichtjüdischen Ehepartner sind besonders inaktiv im Synagogenleben ihrer Gemeinden und erziehen ihre statistisch 1,7 Nachkommen eher nicht in der jüdischen Tradition. Das führt aktuell schon zu großen Einbrüchen in den Mitgliederzahlen, die jüdischen Gemeinden der USA erleben einen Verlust früherer Bindekraft. Außerdem: Juden, die mit einem nichtjüdischen Partner verheiratet sind, fühlen sich tendenziell dem Staat Israel weniger verbunden. Das wird Auswirkungen auf die amerikanische Politik gegenüber im Nahen Osten haben. Deshalb braucht das Judentum eine klare Strategie, um nichtjüdische Ehepartner in die jüdische Gemeinschaft zu integrieren und sie wirklich willkommen zu heißen. Und wir müssen uns als Religionsgemeinschaft bei den Brennpunkten unserer Zeit engagieren: soziale Gerechtigkeit und Gleichheit von Mann und Frau, Gesundheitsvorsorge und Altersarmut. Hierfür engagieren sich junge Juden, und hier müssen sie auch die Stimme ihrer religiösen Tradition vernehmen.

Kompetenz und Verantwortung

Für die Zukunftsgestaltung unserer Gesellschaft ist nicht allein die Beherrschung rein fachspezifischer Gegenstände maßgeblich, so wichtig Expertenwissen auch ist. In einem demokratischen Gemeinwesen brauchen wir eine Rückbindung an Wertmaßstäbe. Dies gilt gerade für die Eliten. Obwohl sich in der jüdischen Orthodoxie noch der liturgische Ehrenprimat von vermutlichen Nachkommen der israelitischen Priester- und Levitenkaste erhalten hat, geht es vor allem darum, sich auf keinem Geburtsrecht auszuruhen. Das Rabbineramt des Judentums zielt schon eher darauf, sich aktiv und durch jahrelanges Studium in die Tradition eingeübt zu haben und bei der Anwendung in der Moderne fachliche Kompetenz und Verantwortungsgefühl zu zeigen.

Worum es im Judentum geht, ist die Herausbildung von Verantwortungseliten. Diese müssen zusätzlich zur Fachkompetenz die Fähigkeit haben, sich mit Phänomenen wie wachsender Unsicherheit und Intransparenz auseinanderzusetzen und mit zunehmender Komplexität, Vernetzung und Dynamik umgehen können. Das gilt bei weitem nicht nur im Rabbineramt. Deshalb widmet sich seit 2010 das *Ernst Ludwig Ehrlich Studienwerk* in Europa der individuellen Förderung hoch motivierter, qualifizierter und auch außerfachlich engagierter junger jüdischer Studierender und Promovierender. Wir wollen damit eigenständige und (selbst)kritische Individuen erziehen, die sich als soziale Akteure mit Entscheidungskompetenz und Verantwortungsbereitschaft verstehen.

Das Menschenbild des Judentums fördert den kritischen Geist, der die Welt aktiv gestaltet. Damit hat das Judentum das Leitbild einer breit aufgestellten Verantwortungselite, die dem Auftrag gerecht werden möchte, Gottes Volk zu sein: berufen zur Pflicht und zur aktiven Fortentwicklung der göttlichen Schöpfung.

JUDEN – CHRISTEN – MUSLIME

Veränderungen würdigen – den Dialog suchen: Im Gespräch mit Katholiken

Die katholische Kirche verehrt die Karmelitin Theresia Benedicta a Cruce als Märtyrerin und Patronin Europas – die Frau, die *als Jüdin* Edith Stein am 9. August 1942 in Auschwitz ermordet worden ist. In der Person Edith Steins treffen sich der christliche Märtyrerbegriff und die dunkle Geschichte der jüdischen Erfahrung von Verfolgung und Vernichtung sinnhaft und widersinnig zugleich. *Kiddusch ha-schem*, die »Heiligung des göttlichen Namens«, kann im Judentum so weit gehen, dass im Extremfall der Tod in Kauf genommen werden muss. In irgendeiner Weise erstrebenswert erschien das Martyrium im Judentum niemals, so viel ist klar. Im Talmudtraktat Sanhedrin 74a heißt es, man solle lieber alle Gebote verletzen, als den Tod zu erleiden. Und das jüdische Religionsgesetz ist bestimmt von einer Diskussion, die das Prinzip der Bewahrung menschlichen Lebens oft über die Verletzung des göttlichen Namens gestellt hat. Der mittelalterliche Religionsphilosoph Moses Maimonides hielt es für eindeutig besser, als Einzelner das von Gott gegebene Leben zu retten, notfalls auch unter Erleidung der Taufe. Wenn es allerdings um die Existenz der gesamten jüdischen Gemeinschaft gehe, sei der Tod vorzuziehen.

Spätestens seit Kaiser Theodosius (379–395 n. d. Z.) das Christentum zur Staatsreligion erhoben hatte, wissen Juden, dass die Treue zu Gottes Geboten Gefahr an Leib und Leben bergen kann. Schon vor Beginn der Kreuzzüge sind Fälle des Selbstmordes belegt, um einer Zwangstaufe zu entgehen. Eine Mutter im mittelalterlichen Mainz brachte ihre Kinder lieber um, als sie sich vor dem Taufstein rauben zu lassen, damit sie als Christen aufgezogen werden. Um mit Gott eins zu bleiben, mussten Juden sich selbst oft genug in der Geschichte als *olah temimah*, als »reines Brandopfer« darbringen. Seit 1492 Isabella die Katholische dem »Goldenen Zeitalter« des Zusammenlebens von Muslimen, Christen und Juden auf der Iberischen Halbinsel ein Ende machte, litten selbst noch die zwangskonvertierten Nachkommen der spanischen Juden unter dem Feuer und der Pein von Inquisition und Tribunalen. Der Wahn der Kreuzritter und der Inquisitoren hat dafür gesorgt, dass die »Heiligung des göttlichen Namens« im Judentum oft nur unter Verlust des Lebens möglich war.

Judenmission umfasste in der Vergangenheit Zwangstaufen, körperlichen und geistigen Druck zur Annahme des christlichen Bekenntnisses, Verächtlichmachung der jüdischen Lebensform, Bestreitung des Rechts, nach der eigenen Tradition zu leben. Noch nach den Josephinischen Reformen und der Aufklärung des 19. Jahrhunderts konnten Juden die bürgerliche Gleichstellung nur dann erreichen, wenn sie bereit waren, mit der Taufe ein Eintrittsbillet in die Gesellschaft zu lösen.

Wer die diese Geschichte kennt, kommt nicht umhin, die bahnbrechenden Änderungen der letzten Jahrzehnte zu würdigen. Unter dem Eindruck großen moralischen Versagens der Kirchen während des Nationalsozialismus ist der jüdisch-christliche Dialog nach 1945 zu einem zentralen Thema kirchlichen Nachdenkens geworden. Mit der Erklärung *Nostra aetate* des Zweiten Vatikanischen Konzils vom 28. Oktober 1965 über das Verhältnis der katholischen Kirche zu den nichtchristlichen Religionen wies die Kirche von Rom erstmals die pauschale Schuldzuweisung für Jesu Tod an das jüdische Volk zurück:

Auch wenn die Juden nicht das christliche Evangelium angenommen haben, sind sie »nach dem Zeugnis der Apostel immer noch von Gott geliebt um der Väter willen; sind doch seine Gnadengaben und seine Berufung unwiderruflich. Mit den Propheten und mit demselben Apostel erwartet die Kirche den Tag, der nur Gott bekannt ist, an dem alle Völker mit einer Stimme den Herrn anrufen und ihm ›Schulter an Schulter dienen‹. Da also das Christen und Juden gemeinsame geistliche Erbe so reich ist, will die Heilige Synode die gegenseitige Kenntnis und Achtung fördern, die vor allem die Frucht biblischer und theologischer Studien sowie des brüderlichen Gespräches ist. Obgleich die jüdischen Obrigkeiten mit ihren Anhängern auf den Tod Christi gedrungen haben, kann man dennoch die Ereignisse seines Leidens weder allen damals lebenden Juden ohne Unterschied noch den heutigen Juden zur Last legen. Gewiss ist die Kirche das neue Volk Gottes, trotzdem darf man die Juden nicht als von Gott verworfen oder verflucht darstellen, als wäre dies aus der Heiligen Schrift zu folgern. Darum sollen alle dafür Sorge tragen, dass niemand in der Katechese oder bei der Predigt des Gotteswortes etwas lehre, das mit der evangelischen Wahrheit und dem Geiste Christi nicht im Einklang steht« (Nostra aetate 4).

Die Neubestimmung des Verhältnisses zur jüdischen Gemeinschaft ist auf das Engste mit dem Pontifikat Johannes Pauls II. verbunden. 1980 formulierte er bei seiner Begegnung mit Rabbinern in Mainz: »Gemeinsam sind Juden und Christen als Söhne Abrahams berufen, Segen für die Welt zu sein.« Diese Erkenntnis mündet 1985 in Hinweise für die richtige Darstellung von Juden und Judentum in der Predigt und der Katechese der katholischen Kirche. 1986 besuchte Johannes Paul II. die Große Synagoge in Rom. 1993 kam es zum Grundlagenvertrag zwischen Heiligem Stuhl und dem Staat Israel. Im März 2000 sprachen der Papst und leitende Kardinäle eine umfassende Vergebungsbitte für Fehler der Gläubigen der Kirche in der Vergangenheit gegenüber dem jüdischen Volk. Daran schloss sich eine Pilgerreise des Papstes ins Heilige Land an, bei der Johannes Paul II. an der *Kotel*, der Westmauer des Tempels, seine Bitte um Vergebung erneuerte. 2001 schließlich veröffentlichte die Päpstliche Bibelkommission wichtige Rahmenbedingungen für die Auslegung der Heiligen Schrift in »Das jüdische Volk und seine Heilige Schrift in der christlichen Bibel«. Hier wird erstmals das Nein des Judentums zur Messianität Jesus von Nazarets auch von Christen als Treue zur Heiligen Schrift als Quelle jüdischer Tradition gewürdigt und anerkannt.

Wir blicken auf Jahrzehnte einer Entwicklung im Verhältnis von Judentum und katholischer Kirche, die von Annäherung und Erkenntnis der Übereinstimmung geprägt ist. Beide beten denselben Gott an. Beide stützen sich auf dasselbe Buch, die Hebräische Bibel. Beide erkennen die moralischen Prinzipien der Tora an und hegen eine gemeinsame Verantwortung für diese Welt als Gottes Schöpfung. Es hat also in weniger als fünfzig Jahren eine atemberaubende Veränderung gegeben, die man würdigen und – auch angesichts der irritierenden Politik des nunmehr emeritierten Papstes gegenüber der Piusbruderschaft (Rehabilitation eines Holocaust-Leugners, Neuformulierung der Karfreitagsfürbitte) – erhalten und ausbauen sollte.

Johannes Paul II. bekannte 1986 vor der Jüdischen Gemeinde Roms: »Die jüdische Religion ist für uns nicht etwas ›Äußerliches‹, sondern gehört in gewisser Weise zum ›Inneren‹ unserer Religion.« Wie aber kann die legitime Existenz jüdischer Identität als notwendige Voraussetzung für christliche Identität verstanden werden? Ein großer Schritt war, dass Kardinal Kurt Koch 2015 zum fünfzigsten Jahrestag von *Nostra aetate* jede institutionalisierte Form der Judenmission verurteilt hat. Das sind erfreulichen Entwicklungen. Doch nach wie vor wirken traditionelle Vorstellungen in der Kirche: bei Theologen und vielen Gemeindemitgliedern ebenso. Auch das christliche Verständnis des »neuen Bundes« oder der Kirche als »neuem Gottesvolk« steht aus jüdischer Sicht vor der Frage, nicht als Terminologie der Enterbung gebraucht zu werden. Umso wichtiger ist hier der Hinweis des katholischen Wiener Dogmatikers Jan-Heiner Tück, bei den Juden handele es sich um den »Augapfel Gottes« (Sacharja

2,12). Dieses Bild lässt keinen Raum für Substitution oder Enterbung, es ist ja ein Wort aus der Bibel Israels. Tück erkennt: Wenn das Kirchenvolk als *novus Israel* bezeichnet wird, entreißt man dem Judentum seinen ureigenen Würdenamen. Er sagt weiter: »Wer Israel angreift, tastet Gott selbst an« und fragt damit letztlich nach den Möglichkeiten für eine christliche Theologie, einer fatalen Alternative zu entgehen: auf welche Weise ein christlicher Exklusivitätsanspruch, der die Universalität Gottes verneint, ebenso zu vermeiden ist wie ein Pluralismus, der die Besonderheit des christlichen Gottesverständnisses und die Eigenheit religiöser Traditionen, einschließlich des Christentums, gefährden könnte.

Unaufhebbare Unterschiede zwischen Judentum und Christentum werden bleiben. Trotzdem muss die Formulierung einer gemeinsamen Zukunftshoffnung und die Benennung gemeinsamer Aufgaben für die Gestaltung der Welt als ein bahnbrechendes Ergebnis des Pontifikats Johannes Pauls II. anerkannt werden. Gerade vor dem Hintergrund der leidvollen und unentschuldbaren christlichen Vergangenheit mit dem Judentum ist es eine wichtige Aufgabe für jüdische Theologen, den Dialog mit dem Christentum zu suchen, und der christlichen Theologen, die jüdischen Wurzeln ihres Glaubens nicht zu verleugnen.

Es geht um den wechselseitigen Respekt und um die gemeinsame Bewältigung aktueller Probleme, um die Bewahrung menschlicher Würde und der Werte unseres gesellschaftlichen Zusammenlebens. Auch das Eintreten füreinander gehört dazu. Als wohltuenden Schulterschluss in schwieriger Zeit hat das Judentum 2013 Kardinal Christoph Schönborns Beitrag zur Beschneidungsdebatte verstanden: »Wie man nicht Christ sein kann ohne die Taufe, so ist für (männliche) Juden die Beschneidung ein wesentliches Kennzeichen des Jude-Seins.«

Die Ebenen unserer Gemeinsamkeit hat Papst Franziskus am 26. Mai 2014 in der Großen Jerusalemer Synagoge sehr schön zusammengefasst: »Es geht nicht nur darum, auf einer menschlichen Ebene Beziehungen gegenseitiger Achtung zu pflegen: Als Christen und als Juden sind wir berufen, uns eingehend nach der geistlichen Bedeutung des Bandes zu fragen, das uns miteinander verknüpft. Es handelt sich um eine Verbindung, die von oben kommt, die über unseren Willen hinausgeht und die unversehrt bleibt, trotz aller Beziehungsschwierigkeiten, die es in der Geschichte leider gegeben hat. [...] Die gegenseitige Kenntnis unseres geistlichen Erbes, die Wertschätzung dessen, was wir gemeinsam haben, und die Achtung dessen, was uns trennt, können den Weg weisen für die zukünftige Weiterentwicklung unserer Beziehungen, die wir in Gottes Hand legen. Gemeinsam können wir einen wichtigen Beitrag für die Sache des Friedens leisten; gemeinsam können wir in einer in raschem Wandel begriffenen Welt die ewige Bedeutung des göttlichen Schöpfungsplans bezeugen; gemeinsam können wir entschieden jeder Form von Antisemitismus und den verschiedenen anderen Formen von Diskriminierung entgegentreten. Der Herr helfe uns, mit Zuversicht und Seelenstärke auf seinen Wegen zu gehen. Schalom!«

Einander begegnen und Unterschiede aushalten: Im Gespräch mit Protestanten

Als Martin Luther 1523 seine Schrift »*Dass Jesus Christus ein geborener Jude sei*« herausbringt, war das für jüdische Leser zunächst eine gute Nachricht. Hier kommt jemand und verweist auf den Ursprung des Christentums im Judentum und bietet sogar Anknüpfungspunkte für größeres Verständnis. Doch Luthers Erwartung wird enttäuscht. Die ausgestreckte Hand führt nicht dazu, dass jüdische Gemeinden ins reformatorische Lager wechseln. Der Missionsversuch scheitert, und Luther wird schließlich zu einem Feind des Judentums. Aus der Feder des alternden Reformators entstehen stark polemische Schriften wie »*Von den Juden und ihren Lügen*«, und Luther ruft sogar zum Niederbrennen von Synagogen auf. Jahrhunderte lang boten Luthers Ausfälle willkommene Argumentationshilfen für den Judenhass, bis in die deutsche Geschichte des 20. Jahrhunderts.

Schon an diesem markanten Beispiel wird deutlich: Die Beziehung von Judentum und Christentum hatte ihre Höhen und Tiefen. In früheren Zeiten war der christliche Bick auf Juden geprägt durch neutestamentliche Stellen wie: »Sie werden dich und deine Kinder zerschmettern und keinen Stein auf dem andern lassen; denn du hast die Zeit der Gnade nicht erkannt« (Lukas 19,44). Heute besinnt man sich auf biblische Texte wie: »Auf deine Mauern, Jerusalem, stellte ich Wächter [...] Ihr, die ihr den

Herrn (an Zion) erinnern sollt, gönnt euch keine Ruhe! Lasst auch ihm keine Ruhe, bis er Jerusalem wieder aufbaut, bis er es auf der ganzen Erde berühmt macht [...] bahnt dem Volk einen Weg [...] und räumt die Steine beiseite! [...] Dann nennt man sie ›Das heilige Volk‹, ›Die Erlösten des Herrn‹. Und dich nennt man ›Die begehrte, die nicht mehr verlassene Stadt‹ (Jesaja 62,6–12). Jesaja 62 spricht nicht von der Zerstörung Jerusalems, der Verwerfung Israels. Er nennt Israel das Volk der Erlösten und Jerusalem die nicht mehr verlassene Stadt. Wenn Christen diese Verse auf das heutige Israel beziehen, dann verweist das auf eine grundlegend neue Sicht der Kirche gegenüber dem Judentum: *dass nämlich der Bund Gottes mit seinem Volk Bestand hat und gültig ist und dauerhaft.*

Wer in die frühjüdische und frühchristliche Zeit blickt, trifft auf zwei Schwestern, die sich lange nicht trennen mochten, so reich und vielfältig waren ihre Bezüge noch Jahrhunderte nach der Zeitenwende. In der Frühzeit beider Religionen war nichts so abgezirkelt und sauber getrennt, wie wir es heute immer wieder gerne darstellen. Später hat man sich brüsk voneinander abgewandt. Disputationen zu gewinnen, war für jüdische Gelehrte so gefährlich wie sie zu verlieren. Erfolg konnte auf dem Scheiterhaufen enden, Niederlage am Taufbecken. Und selbst in dieser Zeit und unter solchen Bedingungen gab es einen gewissen Austausch von Anregungen, Einflüssen, gab es geistige Befruchtung. Es hat der Aufklärung bedurft, um in Europa die Karten neu zu mischen. Die Übermacht des Christentums begann zu bröckeln, zu brechen. Und aus der Ohnmacht erwachte das Judentum zu neuer geistiger Kraft und kritischem Vermögen – jenseits der Idee vom »christlichen Staat« in einer sich langsam pluralisierenden Gesellschaft.

Mit Abraham Geiger reklamierte ein jüdischer Gelehrter ernsthaft Jesus als Juden und begann den Disput von Neuem, den Martin Luther mit »Dass Jesus Christus ein geborener Jude sei« einmal angestoßen hatte: wo denn der Kern des einen endete und das Wesen des anderen seinen Anfang nahm – mochten die Äußerungen des Rabbiners christlicherseits auch abgetan werden als Ausdruck einer verkümmerten Vorstufe hin zum göttlichen Heilsplan. Ein jüdischer Zweig der Leben-Jesu-Forschung bis hin zu David Flusser durchzog das 19. und 20. Jahrhundert: auf der Suche nach der Verortung einer Person, die so unendlich viele bewegt und angetrieben hatte über zwei Jahrtausende hinweg.

In der Reibung gegeneinander und in der Abgrenzung voneinander gewann man aneinander je eigene Identität. Hier Augenhöhe mit dem Christentum zu erlangen, hat die jüdische Theologie des ausgehenden 19. und 20. Jahrhunderts in nicht geringem Masse beschäftigt. Rabbiner Abraham Geiger war es, der 1830 forderte, die Ausbildung von Rabbinern der Ausbildung christlicher Geistlicher gleichzustellen. Unverkennbar sind seine Anleihen bei dem Protestanten Friedrich Daniel Ernst Schleiermacher (1768–1834), wenn ich mir seine strukturelle Konzeption des Rabbinerstudiums anschaue. Für Abraham Geiger war Jüdische Theologie als Universitätsfach *der* Test, ob die jüdische Emanzipation gelungen sei. Die von ihm 1872 mitbegründete *Lehranstalt für die Wissenschaft des Judentums* in Berlin war allerdings kein Bestandteil des allgemeinen Universitätswesens. Akademischen Disput auf gleicher Ebene hat es im Verhältnis von Judentum und Christentum hierzulande leider nie gegeben. Dabei wäre die Universität und ihre Lehr- und Gedankenfreiheit der Ort gewesen, Trennendes und Gemeinsames zu diskutieren und vor allem die Fragen zu behandeln, die uns als Glaubende bewegen: Ist der Mensch bei all seinem Wollen zum Guten nun dem Bösen passiv ausgeliefert und unfähig, das Gute zu wirken? Oder kann er in einem Prozess der Selbstläuterung die besten Kräfte nähren und bündeln, um das messianische Reich aus eigener Kraft herbeizuzwingen? Solche und andere Fragen beschreiben die Pole einer theologischen Debatte, die hilfreich die Kategorien schafft im System der Experten.

Seit dem Wintersemester 2013/14 gibt es nun jüdische Theologie an einer deutschen Universität: an der *School of Jewish Theology* der Universität Potsdam. Den vielen wichtigen Unterstützern in der evangelischen und der katholischen Kirche wissen wir uns dankbar verbunden, die die Gleichberechtigung der jüdischen Theologie mit uns gefordert und durchgesetzt haben. Sie alle sind für uns Juden *Schomrei Jeruschalajim*, »Wächter auf den Mauern Jerusalems«, geworden.

Das Interesse am Errichten von Barrikaden zwischen unterschiedlichen geistigen Erfahrungswelten hat stark abgenommen. Heute sehen wir das Gemeinsame öfter und lieber als das, was uns trennt. Es ist nicht leicht für den jüdischen Partner, dies ohne Bitterkeit zu tun, angesichts von Jahrhunderten elendigen Unrechts. Aber auch wir Juden mussten aus dem Traum von der Einzigartigkeit schließlich erwachen und mussten erkennen, dass Gott mit seiner Schöpfung Dinge vorhat auf vielerlei verschiedene Weise.

Eine der schwierigsten Lehren, die der jüdische Religionsphilosoph Schalom Ben-Chorin (1913–1999) uns Juden hinterlassen hat, ist die folgende: »Das verhängnisvolle Selbstmissverständnis Israels liegt in der Bagatellisierung des Evangeliums von Christus Jesus. Diese Bagatellisierung aber ist eine Blasphemie. Sie ist es gerade vom jüdischen Glauben aus gesehen. Denn wenn es wahr ist, dass Gott der Herr der Geschichte ist – und wie sollte dies jüdischem Glauben nicht wahr sein? –, dann hat dieser Herr aller Herren selbst sein Bundesvolk Israel durch Jesus von Nazareth gefragt. Und die Juden haben auf Gottes Frage nicht wie Abraham geantwortet ›Hier bin ich‹, sondern sie haben sich versteckt wie Adam, oder sie haben Witze gerissen« *(Die Christus-Frage an den Juden, Jerusalem 1941).* Schalom Ben-Chorin gibt alles zu, was Juden hier zu ihrer Verteidigung anführen: dass Jesus nichts Neues gelehrt habe oder dass er als Messias gescheitert sei im geschichtlichen Raum. Und doch wird Jesus von Nazareth in der Rückschau zu Recht als große Zäsur in der Geschichte empfunden, »als der Einbruch der Ewigkeit in die Zeitlichkeit, als Ende und Anfang eines Äons«. Das hochentwickelte Judentum und die junge christliche Gemeinde mit ihrem Glauben an die noch kaum schriftlich gefasste Frohe Botschaft standen einander gegenüber und rangen – einen göttlichen Augenblick lang – um die geistliche Herrschaft. »Keine jüdische Orthodoxie kann es leugnen: die Herrschaft fiel der Kirche Christi zu. Aber Israel verschwand nicht von der Erde mit dem Machtantritt des Christentums. Das kann keine christliche Orthodoxie leugnen.«

Dass beide bestehen in dieser Welt, konnte für Schalom Ben-Chorin nur heißen, dass sie einander Rede und Antwort stehen müssen – und damit beide Gottes Willen erfüllen als Teil seines Heilsgeschehens unter den Menschen. Das wäre doch was: Aus den Wagenburgen säuberlich aufgerichteter Systematik heraus einmal ungeschützt aufeinander zu blicken. Sich nicht damit zufriedenzugeben, dass jeder für sich ein Laufställchen des Glaubens unterhält, in dem unsere kindliche Vorstellung von Gott vor jedem Einwand bewahrt wird.

Judentum und Christentum müssen heute gemeinsam einsehen: Religiöser Zweifel ist eine gesellschaftliche Realität. Wenn wir ihn nicht zum Feind erklären, steckt darin auch eine große Chance für das Gespräch. Denn uns Menschen treibt doch alle eine existenzielle Not mit den Sinnfragen des Lebens. Unser Prüfstein für gelingendes Leben ist die Frage: Haben wir ein tieferes Verständnis von unserem Dasein gewonnen, sind wir großzügiger geworden? Sind wir Gott näher gekommen? Haben wir Seinen Funken in uns aufblinken sehen?

Juden und Christen stehen in einer intensiven Doppelbeziehung von Faszination und Aversion, von Anziehung und Abstoßung. Wir Juden waren über Jahrzehnte nicht fähig, Christen wirklich die Türe zur inneren Begegnung zu öffnen. Zu schwer schmerzten die Wunden der Vergangenheit. Ich bin davon überzeugt: Wenn wir uns auf den Anderen existenziell einlassen, birgt das die Chance, auch uns selbst zu begegnen. Das Geheimnis des spirituellen Überlebens heute für Juden wie Christen liegt in der Möglichkeit echter Begegnung. Denn das »Ich« wird am »Du«, weniger durch die Erfahrung künstlicher Übereinstimmung, sondern vor allem durch das Aushalten unserer Unterschiedlichkeit. Die gemeinsame große Herausforderung liegt darin, religiöse Authentizität zu wahren. Aus einem in der Begegnung gewonnenen festen eigenen Standpunkt kann es gelingen, sich trotz theologischer Unterschiede auf die Suche zu machen nach einem viel tieferen Gleichklang. Dort ist die Quelle, aus der wir gemeinsam Kraft schöpfen für die harte Arbeit zur »Heilung der Welt« (*tikkun olam*). Der 146. Psalm formuliert die gemeinsame Aufgabe:

> *Unsere Hoffnung setzen auf den Herrn unseren Gott,*
> *mit ihm Recht schaffen denen, die Gewalt leiden,*
> *mit ihm die Hungrigen speisen, die Gefangenen frei machen,*
> *die Blinden sehend, aufrichten die, die niedergeschlagen sind,*
> *die Fremdlinge behüten, die Witwen und Waisen,*
> *denn der Herr liebt die Gerechten.«*

Gemeinsamkeiten betonen – Unterschiede respektieren: Im Gespräch mit Muslimen

Abraham Geiger nahm 1832 die Haltung ein, die Beschäftigung mit dem Islam sei ihm liebevolle Neigung, die Auseinandersetzung mit der christlichen Theologie aber nur lästige und apologetische Pflicht. Abraham Geiger, der auch einer der Begründer der modernen Koranforschung war, kam zu dieser Aussage, weil er damals mit einer protestantischen Vorstellung des »Christlichen Staates« konfrontiert war, die Juden die Teilhabe an der Gesamtgesellschaft vorenthalten wollte. Es dauerte mehr als hundert Jahre, bis Juden und Christen zu einem neuen Verhältnis gefunden haben: Zunächst musste sich die Verbindung von »Thron und Altar« lösen, darauf aufbauend konnte eine plurale Gleichstellung der Religionen in der Weimarer Reichsverfassung erreicht werden. Letztlich hat erst das Trauma des Holocaust den nötigen Bruch in den Kirchen herbeigeführt. Aus der Bankrotterklärung christlicher Ethik im Dritten Reich und aus dem Versagen der Kirchen vor der Aufgabe, die jüdischen Brüder und Schwestern wirksam vor der Ermordung zu schützen, ergab sich nach dem Zweiten Weltkrieg schrittweise ein Ansatz für ein neues Miteinander von Christen und Juden. In Abraham Geigers Nachfolge bedeutet das den Mut zu schonungsloser Analyse, die aber Mut zum Handeln gibt. Und in der Tat: Die Alternativen zum Dialog sind wenig verlockend. Die drängende Frage aber ist: Was müssen wir tun?

Der Hinweis auf den Holocaust macht eine Einsicht besonders eindringlich: Die Wahrnehmung des Anderen im Judentum basiert nicht auf der Frage nach dem rechten Glauben, sondern einzig auf der Frage nach dem richtigen ethischen Verhalten. Die Grundlage davon ist die Vorstellung von der Gottesebenbildlichkeit des Menschen. Weil der Mensch im Angesicht Gottes geschaffen ist, hat er die Verantwortung und auch die Möglichkeit, die Vernunft als Mittel zur ethischen Vollendung zu verwenden. Dabei verweisen Juden auf Noah und seine sieben Gebote an die Menschheit: Die sechs Verbote des Götzendienstes, des Mordes, des Diebstahls, der sexuellen Promiskuität, der Gotteslästerung, der Tierquälerei und das Gebot einer gerechten Gesellschaft mit gerechten Gesetzen. Jeder Nichtjude, der diese Ge- und Verbote einhält, ist ein Gerechter unter den Völkern und von dem wird gesagt, er habe die gleiche geistige und moralische Stufe erreicht wie selbst der Hohepriester im Tempel (Talmud, Bava Kamma 38a).

Für mich ist dieses gegenseitige Eintreten gar nicht neu. Seit 1972 fand jedes Jahr in Bendorf am Rhein eine Begegnungswoche von Juden, Christen und Muslimen statt. Das Londoner Rabbinerseminar, das *Leo Baeck College*, war Mitorganisator und wir Studenten nahmen daran regelmäßig teil. Es gehörte zu unserer Ausbildung, sich diesem Erlebnis des gemeinsamen Studierens, Essens und Betens auszusetzen – und ich bin froh um diese Erfahrung, mit dem Anderen zu leben und mich auch in seinen religiösen Alltag hineinzufühlen. Warum aber ist ein solches Zusammenleben für Juden und Muslime so bedeutsam? Lassen Sie mich einen Blick in die Hebräische Bibel werfen. Dort finden wir den Grund, warum Juden und Muslime eben viel gemeinsam haben, so sehr sie auch manches unterscheidet.

Alles begann mit der Geschichte von Isaak und Ismael (Genesis 21). Ismael war Abrahams Sohn von Hagar, einer Sklavin der Sara. Da das Paar Abraham und Sara kinderlos zu bleiben scheint, schläft Abraham auf Bitten seiner Frau mit der ägyptischen Sklavin Hagar. Hagar wird schwanger und Ismael wird geboren. Ein von Hagar geborenes Kind gilt nach damaliger Sitte als Sprössling der unfruchtbaren Herrin. Dann aber geschieht das Wunder: Abrahams Frau Sara bekommt selbst noch einen Sohn: Isaak. Da wird Hagar von ihr buchstäblich in die Wüste geschickt und es erscheint ein Engel. Er zeigt Hagar und Ismael den rettenden Brunnen.

Die Rettung der beiden ist tröstlich, aber diese Geschichte ist auch voller Neid, Eifersucht und Furcht. Das Verhältnis von Sara und Hagar ist davon ebenso geprägt wie die Beziehung zwischen dem Erstgeborenen Ismael, der scheinbar durch Isaak um sein Recht gebracht wird, der Erste zu sein. So war es vorher schon Kain und Abel gegangen, so wird es wenig später in der Geschichte auch Esau und Jakob gehen. Am Ende unserer biblischen Geschichte gehen Ismael und Isaak getrennte Wege. Als aber Abraham stirbt, im 25. Kapitel, da begegnen sie einander, um ihn gemeinsam zu begraben, vielleicht auch ihre Eifersucht vor dem Herrn. »Und Ismael lebte im Angesicht all seiner Brüder«, sagt Vers 18 schließlich. Das Ende ist versöhnlich, man arrangiert sich, ein Nebeneinanderleben scheint möglich. Denn beide haben doch den gleichen Vater. Die Geschichte von Ismael und Isaak mahnt uns: Als Brüder sollen wir uns erkennen. Vielleicht, um auch einmal im Angesicht des Bruders nebeneinander zu wohnen.

Im Islam wie im Judentum offenbart Gott seinen Willen in seinem Wort an die Menschen: »Wir haben die Tora hinabgesandt, in der Rechtleitung und Licht enthalten sind, damit die Propheten, die gottergeben waren, für die, die Juden sind, danach urteilen, und so auch die Rabbinen und Gelehrten, aufgrund dessen, was ihnen vom Buche Gottes anvertraut wurde und worüber sie Zeugen waren. [...] Und wir ließen nach ihnen Jesus, den Sohn Marias, folgen, damit er bestätige, was von der Tora vor ihm vorhanden war. Und wir ließen ihm das Evangelium zukommen, das Rechtleitung und Licht enthält und das bestätigt, was von der Tora vor ihm vorhanden war, und als Rechtleitung und Ermahnung für die Gottesfürchtigen. [...] Und wir haben zu dir [Muhammad] das Buch mit der Wahrheit hinabgesandt, damit es bestätige, was vom Buch vor ihm vorhanden war, und alles, was darin steht, fest in der Hand habe« (Sure 5 – Al-Maida, 44–48).

Nach Vorstellung des rabbinischen Judentums führt der Weg zu Gott über seine Offenbarung. Sie befindet sich aber nicht »im Himmel«, sondern wurde den Menschen als Quelle ihrer Auslegung und ihres Weltverstehens gegeben. Diese Offenbarung schreitet durch die Zeiten voran durch die menschliche Auslegung, für Juden in der

»mündlichen Tora«, für Christen und Muslime in Neuem Testament und Koran.

Judentum wie Islam suchen die Wege von Gottes Gerechtigkeit im religiösen Recht (jüdisch die *Halacha*, wörtlich »die zu gehende Wegrichtung«). Die Halacha markiert hierbei nicht das Ziel, sondern einen Weg. Sie verlangt Handeln, die »Selbstheiligung« durch Gebotserfüllung, und nicht Glauben. Im Judentum wie im Islam ist der Mensch vor Gott für sein Tun verantwortlich, er hat den freien Willen, sich für das Gute zu entscheiden: »Wer der Rechtleitung folgt, folgt ihr zu seinem eigenen Vorteil. Und wer irregeht, der geht irre zu seinem eigenen Schaden. Und keine lasttragende Seele trägt die Last einer anderen« (Sure 17 – Al-Isra, 15).

Im Vordergrund stehen in Judentum wie Islam das Leben mit Gott, das Studium seiner Schrift und die Einhaltung der Gebote Gottes. Gott ist für Juden wie Muslime ein rettender, beschützender, ein barmherziger Gott, der den Menschen ewige Treue und Liebe entgegenbringt. Muslime haben immer schon gewusst, dass hier derselbe Gott angesprochen wurde und wird: »Wir glauben an das, was zu uns herabgesandt und zu euch herabgesandt wurde. Unser Gott und euer Gott ist einer. Und wir sind ihm ergeben« (Sure 29 –Al-Ankabut, 46).

Heute hören wir immer wieder unbestimmte Hinweise auf »Kulturen« im Kontext von Religion – auf eine jüdische, christliche oder islamische Kultur, wobei unterstellt wird, dass zwischen ihnen irgendeine Art von Widerspruch bestünde –, als ob diese Religionen sich gegenseitig ausschlössen und notwendigerweise unvereinbar miteinander seien oder einander sogar feindlich gegenüberstünden. Historiker wie William Dalrymple dagegen machen uns darauf aufmerksam, dass die europäische Renaissance sich nicht nur der Besinnung auf die Wurzeln der Kultur in der griechisch-römischen Antike verdanke, sondern ebenso sehr einem Zusammenspiel von Abendland und Morgenland.

Jede der drei Glaubensweisen verkörpert in ihrer ureigenen Form die potenziell zivilisatorische Kraft des Glaubens. Als jeweils universelle Religion lässt sich keine von ihnen zeitlich oder räumlich abgrenzen. Sie verkörpern unterschiedliche Ausdrucksformen der gleichen »zivilisatorischen« Werte; verschiedene Interpretationen des ewigen Bundes. Somit können sie ohne ein Risiko von Gegensätzen in ein und derselben Gesellschaft präsent sein – und in ein und derselben Welt, ohne dass dadurch zwangsläufig Konfrontationen ausgelöst werden. Im Kern geht es hier um eine Frage der Identität. In diesem Bereich können Menschen mit gemeinsamer Erfahrung als religiöse Gemeinschaften einander behilflich sein, sich ohne Assimilation auf metaphysischer Ebene und ohne jede Aufgabe ihrer Loyalität gegenüber Gott in vollem Umfang als loyale Mitglieder der Zivilgesellschaft einbringen. Der Koran gemahnt uns, dass Verschiedenheit und Vielfalt als Bereicherung begrüßt werden sollten und voll und ganz unter die göttliche Vorsehung fallen.

Wir sollen uns nicht einbilden, wir seien Gott und könnten in einer Wahnvorstellung der eigenen Allmacht unseren Willen zum Gesetz erheben, obwohl wir das oft genug tun. Aber wir haben den Auftrag, Gottes Wahrheit durch unser Handeln in die Welt zu bringen, also in der Wahrheit zu leben. Das bedeutet auch: sich unangenehme Wahrheiten sagen zu können. Was aber bedeutet vor dem Hintergrund der Aufklärung »in der Wahrheit leben«?

Juden und Christen sind heute einander so nahe, weil beiden die Erfahrung der Aufklärung mit ihrem Primat von Rationalismus und Vernunft gemeinsam ist. Alle Religionen, auch das Christentum, hatten an den Herausforderungen der Moderne zu kauen, manches ist bis heute unverdaut. Die Vereinbarkeit von Religion und Moderne entscheidet sich besonders an hermeneutischen Grundfragen: Im Schrift- und Traditionsverständnis werden die Weichen gestellt für die Dialog- und Reformfähigkeit von Religion. So mussten sich Judentum wie Christentum fragen, ob sie eine historisch-kritische Betrachtung ihrer heiligen Schriften und Traditionen zulassen. Das europäische Judentum hat durch die Aufklärung eine Chance erhalten: die Beteiligung am gesellschaftlichen Diskurs, die kulturelle wie rechtliche Emanzipation und die Ausformung einer widerstandsfähigen Identität. Dies bedingte die Neubewertung unserer jüdischen Traditionen und Lehren. Die Teilhabe an einer sich pluralisierenden Gesellschaft lässt keinen unverändert. Und hier setzt meine Hoffnung an, dass auf der Basis gegenseitiger Anerkenntnis die muslimische Seite auch einen brüderlichen Rat entgegenzunehmen bereit ist. Vielleicht können wir Juden dem Islam mit unseren Erfahrungen auf brüderliche Weise Wege aufzeigen, wie man der Tradition gerecht wird und dennoch mit den Erträgen der Aufklärung zurechtkommt. Denn ein historisch-kritisches Hinterfragen der eigenen Tradition ist ein wichtiger Schritt hin zur Integration von Muslimen in die westliche Gesellschaft.

Diese Wahrheit müssen wir – jeder für sich – in der Auseinandersetzung von Tradition und Moderne immer wieder finden. Das erfordert Disziplin. Und: Wir müssen uns um diese Wahrheit mit unserem freien Willen und unserer Einsichtsfähigkeit bemühen und damit fertig werden, dass es die eine Wahrheit nicht geben kann. In der Demut, die dieser Einsicht folgt, können Juden, Christen und Muslime zu einem gleichberechtigten Verhältnis finden. Ein solches Nebeneinander unter Brüdern setzt die Bereitschaft voraus, den anderen wenn nötig zu verteidigen, auf der Basis solcher Anerkennung als Bruder aber auch kritisieren zu dürfen. Um es mit den Worten von Imam Abu Ishaq al-Shatibi (gest. 1388) zu sagen: *Nu'adhem al-juwaame' wa nahtarem al-furooq* – Wir betonen die Gemeinsamkeiten und respektieren gleichzeitig die Unterschiede.

Juden hören von christlicher Seite immer wieder, der jüdisch-christliche Dialog sei mit der Beziehung zu den Muslimen gar nicht zu vergleichen. Juden und Christen teilten sich die gleiche Heilige Schrift und hätten das gleiche Gottesbild. Als Jude macht mich das stutzig. Denn über viele Jahrhunderte hinweg wurden Juden von Christen auf das Grausamste verfolgt, ausgegrenzt, verhöhnt und ermordet. Die Scham über das große Versagen beider

Kirchen während des Dritten Reichs war die Grundlage von sechzig Jahren intensiver Annäherung des Christentums an das Judentum, mit teilweise grotesken Phasen des Philosemitismus. Kann das aber Jahrhunderte der guten Nachbarschaft zwischen Juden und Muslimen aufwiegen? Nein. Denn beide wissen sich einig in einem gemeinsamen Gottesbild und einig in ihrer Kritik an der Trinitätslehre als Abschwächung des Monotheismus. Christen müssen sich vergegenwärtigen, dass ihre Trinitätslehre dem Judentum ferner liegt als die Lehre des Islam und dass Juden und Muslime lange Phasen gemeinsamer Erfahrungen verbinden, etwa die der Kreuzzüge oder der Reconquista. Juden müssen sich daran erinnern, dass die vorherrschende jüdische Philosophie im Mittelalter im islamischen Raum und in arabischer Sprache entstanden ist und dass die Festschreibung unserer Glaubensgrundsätze durch den mittelalterlichen Rechtsgelehrten und Religionsphilosophen Maimonides im 12. Jahrhundert dem Beispiel Mohammeds folgt. »Gott ist einer und einzig, und Moses ist sein Prophet« entspricht der Formel, die jeder Muslim als Glaubensbekenntnis kennt: »Es gibt keinen Gott außer Gott, und Mohammed ist sein Gesandter.« Gott, unverfügbar, Schöpfer, Richter, Offenbarer.

Wie steht es um das muslimisch-christliche Verhältnis? Besonders die kirchlichen Akademien haben sich seit den späten neunziger Jahren als Orte der Begegnung von Christen, Muslimen und Juden verdient gemacht. Was damals Normalität war, steht heute jedoch unter christlich-lehramtlicher Kritik. Mit Vehemenz treten die Kirchen von Aussagen zurück, die für Christen und Muslime eine gemeinsame Gottesvorstellung festgestellt hatten. So formulierte die katholische Seite im Zweiten Vatikanischen Konzil 1964 in *Lumen gentium* 16: »Der Heilswille (Gottes) umfasst aber auch die, welche den Schöpfer anerkennen, unter ihnen besonders die Muslime, die sich zum Glauben Abrahams bekennen und mit uns den einzigen Gott anbeten, den barmherzigen, der die Menschen am Jüngsten Tag richten wird.« Im Schlussdokument von Cartigny zog 1969 der Weltrat der Kirchen nach: »Judentum, Christentum und Islam gehören nicht nur historisch zusammen, sie sprechen von demselben Gott, Schöpfer, Offenbarer und Richter.«

Als Jude, der sich im Dialog mit dem Christentum engagiert, habe ich mich deshalb entschlossen, auf die Spurensuche nach den Gemeinsamkeiten meiner Religion mit dem Islam zu gehen. Das heißt: Ich sehe die Herausforderung, mich mit dem Islam so auseinanderzusetzen, dass ich ihn ebenso gut verteidigen könnte. Das heute in Deutschland zu tun, setzt – wie meine Erfahrungen zeigen – einen enormen Konfliktwillen voraus.

Als Muslime, Juden und Christen unterliegen wir alle dem gemeinsamen Erbe des spirituellen Dienstes unter ein und demselben Gott. Leider teilen wir auch die Sünde der Abweichung. Ironischerweise untergraben viele Personen in dem Bemühen, die Traditionen und Sitten unserer gemeinsamen Zivilisation zu bewahren, die Grundfesten, auf denen sie aufgebaut wurde. Seit den tragischen Ereignissen vom 11. September 2001 und den nachfolgenden

Schrecken ist die Welt für Muslime ein sehr viel weniger einladender Platz geworden. Die bloße Verurteilung eines solchen verabscheuungswürdigen und unislamischen Verhaltens reicht nicht aus. Vielmehr liegt es an den Muslimen, wie Mustafa Cerić, von 1993 bis 2012 Großmufti von Bosnien und Herzegowina, in seiner bemerkenswert weitsichtigen und sachbezogenen »Erklärung der europäischen Muslime« (2006) deutlich gemacht hat, der Welt vor Augen zu führen, dass der islamische Glaube nicht gewalttätig ist, und ihre Kinder zu lehren, dass nicht Gewalt, sondern Argumentation der richtige Weg sind.

Mein Kollege Rabbiner Jonathan Magonet, früherer Rektor des Leo Baeck College London, nimmt den Gedanken des Briefes von muslimischen Theologen und Gelehrten an Papst Benedikt XVI. vom 13. Oktober 2007 vorweg, wenn er in einem Gottesdienst 2002 hervorhebt, wie die Liebe für Gott und für den Nächsten eine Klammer um Juden, Christen und Muslime bildet: »Es gibt Möglichkeiten, auf der Ebene des religiösen Verständnisses aufeinander zuzugehen. Wann immer wir den Hallel lesen, kann dieser Psalm auch ein Aufruf an uns sein, unsere Engstirnigkeit abzulegen, die alle Menschen in einen Topf wirft, die deren Einzigartigkeit und Menschlichkeit in Abrede stellt und diese auf ein Typenschild oder eine Parole, den Anderen, den Feind reduziert.

Um aus dieser Engstirnigkeit herauszukommen, rief ich Gott an. Gott antwortete mir mit einer weiteren Sicht auf die Dinge. Dank sei dem Ewigen, der voll Güte ist, denn Gottes Liebe ist l'olam, für die ganze Welt.«

Verbindendes und Trennendes

»Wir sind Erben einer langen Geschichte von gegenseitiger Verachtung unter den Religionen und Konfessionen, von religiösem Zwang, Streit und Verfolgung«, charakterisierte der jüdische Religionsphilosoph Abraham Joshua Heschel (1907–1972) das Verhältnis der Religionen. Allein schon durch die Hebräische Bibel und den Juden Jesus von Nazareth sind Judentum und Christentum unlösbar miteinander verbunden. Die Abgrenzung erfolgte aber von beiden Seiten: Mit dem Entstehen des Christentums, das zeitlich mit der Zerstörung des Zweiten Tempels verbunden ist, formierte sich auch das Judentum in einer Art Gegenbewegung neu; es entstand das rabbinische Judentum. Das Verhältnis von Kirche und jüdischer Gemeinschaft war zunächst von geschwisterlicher Rivalität geprägt, bis sich das Christentum unter Konstantin den Großen (gestorben 337) als eine Staatsreligion durchsetzte.

Aus den Wechselbeziehungen zwischen Judentum und Kirche ergaben sich immer wieder Abgrenzungen des rabbinischen Judentums vom frühen Christentum, andererseits auch viele kulturelle Anleihen. Auf diesem Erbe stehen wir, wenn wir aktuell ins Gespräch kommen. Die Fragen nach der Göttlichkeit und Messianität Jesu trennen Juden und Christen am deutlichsten. Für das Verhältnis von Judentum und Islam war dies hingegen eine einende Klammer. Zum Dialog gehören deshalb das Verstehen, woher man kommt, und das kritische Reflektieren der eigenen Tradition. Wer einen Dialog führen möchte, muss Verbindendes und Trennendes klar benennen können. Dazu gehört die akademische Auseinandersetzung mit der Theologie ebenso wie die echte Begegnung. Diese wird dann möglich, wenn man sich Augenhöhe einräumt und davon ausgeht, dass auch die Position des Anderen Wahrheit für sich beanspruchen kann. Die eigene Absolutheit zu relativieren ist die eigentliche Herausforderung an die Religionen für ein Gespräch.

Keine Judenmission

Unter den Auszeichnungen, die Kardinal Karl Lehmann, emeritierter Bischof von Mainz und 1987 bis 2008 Vorsitzender der katholischen Deutschen Bischofskonferenz, erhalten hat, gehört der Abraham Geiger Preis (2006). Offenheit, Mut, Toleranz und Gedankenfreiheit eines vorbildlichen katholischen Kirchenführers wurden damit von jüdischer Seite ausgezeichnet. 1965 markierte das Zweite Vatikanische Konzil mit der Erklärung *Nostra aetate* den Beginn einer neuen Epoche. Die offizielle Lehre der Kirche hat seitdem gelernt, die anderen Weltreligionen zu respektieren. Die Kirche anerkennt den interreligiösen Dialog und die Zusammenarbeit als Aktivitäten, welche gestützt durch den Geist dazu bestimmt sind, alle Teilnehmenden zu verwandeln.

Juden und Christen können sich deshalb heute gelassener kritische Dinge sagen als in der Vergangenheit. Früher stand zwischen Christen und Juden blinder Antijudaismus, der die katholischen Gläubigen für den politischen Antisemitismus geöffnet hatte. Dieser Antijudaismus beruhte auf einer irrigen Darstellung der Juden in neutestamentlichen Schriften. Männer wie Kardinal Lehmann lehren: Wenn heute Christen die Treue Gottes zu seinem auserwählten Volk bestreiten, zerstören sie die Grundlage ihres eigenen Glaubens, der auf die Treue des Vaters Jesu Christi, des Gottes Israels, baut. Daher ist es für die heutige Kirche selbstverständlich, dass der Missionsbefehl nicht auf Juden angewandt werden kann. Es wäre wichtig, dass Juden erkennen, dass es heute keine judenmissionarischen Aktivitäten der katholischen Kirche mehr gibt. Ein Gespräch auf gleicher Augenhöhe mit Protestanten wird erst dann möglich sein, wenn evangelikale Kreise Synodalbeschlüsse und Kirchentagsresolutionen verinnerlichen, sich von der Judenmission distanzieren und nicht mehr meinen, dass es lieblos sei, jüdischen Gesprächspartnern das Zeugnis des Glaubens an Jesus als Messias vorzuenthalten.

Unter Freunden

Im Frühjahr 2015 sind der Grazer Bischof Egon Kapellari und ich im Wiener Schottenstift zusammengetroffen. Die Einladung ging von Josef Taus und dem Dr. Karl-Kummer-Institut aus, nicht zuletzt um an fünfzig Jahre *Nostra aetate* zu erinnern, jene Erklärung des Zweiten Vatikanischen Konzils, die von Kardinal Franz König maßgeblich beeinflusst worden war und zu einer Annäherung von Juden und Katholiken geführt hat. Die Formulierung einer neuen Karfreitagsfürbitte für den außerordentlichen Ritus der lateinischen Messliturgie durch Papst Benedikt XVI. hatte 2008 zu einer erheblichen Eintrübung dieser Beziehungen geführt. Dort heißt es: »Lasst uns auch beten für die Juden, auf dass Gott, unser Herr, ihre Herzen erleuchte, damit sie Jesus Christus erkennen, den Retter aller Menschen.«

Bedeutendes war vom steirischen Oberhirten zu hören: Christlicher Antijudaismus habe den Widerstand gegen NS-Rassenwahn entscheidend geschwächt. Kapellari zitierte Kurienkardinal Kurt Koch, demzufolge der Widerstand der Christen gegen den nationalsozialistischen Antisemitismus deshalb so schwach gewesen sei, »weil ein über Jahrhunderte hin wirksamer christlich-theologischer Antijudaismus eine weit verbreitete Antipathie gegen Juden begünstigt habe«. Davon ausgehend nahm Kapellari zur Judenmission durch das Christentum Stellung: Der Begriff »Mission« gegenüber dem Judentum sei verletzend.

Denn der Bund Gottes mit Abraham sei nicht aufgehoben und könne »für das Judentum durch den neutestamentlichen Bund nicht relativiert« werden. Als wertvoll Erkanntes auch anderen mitzuteilen, habe mit Mission nichts zu tun, meint der Bischof und bezieht sich auf das Christuszeugnis der Kirche. Andererseits trenne die christliche Sicht auf Jesus beide Religionen »in einer Differenz, die wohl bis zum Ende der Geschichte bleiben wird«. Mit dieser klaren und einfachen Aussage gelingt Egon Kapellari, die Distanz von zwei Jahrtausenden in große Nähe zu verwandeln. Er sagt das, was man sich unter Freunden sagen kann.

Jesus – Brücke oder Hindernis?

Die frühchristlichen Evangelien gelten als die wichtigsten Quellen zum äußeren Lebensgang Jesu. Ihre je unterschiedlichen Akzente bei der Darstellung machen aber auch deutlich: Es handelt sich nicht um historische Aussagen. Vielmehr haben die Schilderungen theologische Bedeutung. Das früheste der drei synoptischen Evangelien, das Markusevangelium, ist um 70 entstanden und greift auf noch ältere Materialien zurück. Der Geschichtswert des Johannesevangeliums – das jüngste der vier Evangelien, um Ende des ersten Jahrhunderts – ist aus seiner nachösterlichen Glaubensperspektive heraus hingegen begrenzt.

In den synoptischen Evangelien begegnet uns Jesus, der Jude. Als Erstgeborener einer jüdischen Familie wurde Jesus im Tempel ausgelöst; später erlernte Jesus den Beruf seines Vaters (Markus 6,3; Matthäus 13,55). Josef war ein Handwerker und hatte wohl mit der Verarbeitung von Holz oder Steinen zu tun. Nach Lukas 2,46f beeindruckte Jesus die Jerusalemer Schriftgelehrten im Tempel schon mit zwölf Jahren mit seiner guten Torakenntnis, was auf den Besuch eines Lehrhauses hindeutet, aber auch ein fiktionaler Einschub sein kann, um ihn als herausragenden Toralehrer zu kennzeichnen. Jesu Taufe im Jordan entspricht der *Tewila*, dem traditionellen Ganzkörpertauchbad zur rituellen Reinigung. Die Begegnung mit Johannes bedeutet eine entscheidende Wendung; in Folge seiner eigenen Berufungserfahrung kehrte Jesus nach Galiläa zurück und beginnt im Frühjahr 28 oder 29 sein eigenständiges Wirken als charismatischer Wanderprediger. Sein Wohnsitz ist Kapernaum am Nordostende des Sees Genezareth, sein Wirkungskreis das jüdisch besiedelte Gebiet nördlich und östlich des Sees. Der Evangelist Johannes schreibt von drei Jahren, in denen Jesus öffentlich auftrat, während die drei Synoptiker von einem Jahr und auch nur von einer Reise Jesu nach Jerusalem ausgehen. Seine Reisewege lassen sich nicht genau rekonstruieren; viele Ortsangaben der Evangelien sind nachträglich eingefügt worden und spiegeln die Verbreitung des Christentums zur Zeit ihrer Redaktion wider.

Jesu Predigt- und Argumentationsstil ist im Wesentlichen rabbinisch, seine Gleichnisse (hebr. *meshalim*) folgen der biblischen Bildersprache, wobei die Bilder aus dem landwirtschaftlichen Alltag und der Fischerei stammen: der Sämann, das Senfkorn, der Menschenfischer, die »Stillung« des Sturmes. Seine ersten Jünger nannten ihn »Rabbi« (Markus 9,5; 11,21; 14,45; Johannes 1,38.49; Joh 3,2; 4,31 u. a.) oder »Rabbuni« (Markus 10,51; Johannes 20,16). Dies drückte Ehrerbietung aus und gab Jesus denselben Rang wie den pharisäischen Schriftgelehrten (Matthäus 13,52; 23,2.7f). Wie Rabbi Hillel (ca. 30 v. u. Z. bis 9 n. u. Z.) räumte Jesus der Nächstenliebe den gleichen Rang wie der Gottesfurcht ein und ordnete sie damit den übrigen Torageboten über (Markus 12,28–34). Aus einer christlichen Nichtkenntnis beziehungsweise Verkennung des Judentums zur Zeit Jesu wurde lange angenommen, dass Jesus eine aus dem Judentum unableitbare Auslegung des Religionsgesetzes vertreten habe. Doch ein normativ verstandenes Judentum bildete sich erst mit der Zerstörung des Tempels in Jerusalem nach 70 n. u. Z. langsam heraus. Das Judentum zur Zeit Jesu war enorm vielgestaltig, und es gibt keinerlei Problem, seine Deutung der Tora als innerjüdisch zu verstehen. Jesu Armenfürsorge, Heilungen und die geforderte Einheit von Beten und Almosengeben ähnelt dem späteren Auftreten des Wundercharismatikers Chanina Ben Dosa (um 40–75), eines Vertreters des galiläischen Chassidismus. Auch deswegen ordnen heutige Religionswissenschaftler Jesus von Nazareth ganz in das damalige Judentum ein und betonen anders als früher die

Verwandtschaft seiner Botschaft mit dem Pharisäismus. Der Bochumer Neutestamentler Klaus Wengst bringt es auf den Punkt: »Wenn wir dem Jesus der Evangelien begegnen, begegnen wir einem Juden, der nicht isoliert von seinem Volk gelebt hat, sondern mitten in ihm und mit ihm. Wenn wir ihm begegnen, begegnen wir also Jüdischem und nur Jüdischem.«

Das Verhältnis des Johannesevangeliums zum jüdischen Umfeld Jesu ist allerdings zwiespältiger. Einerseits wird Jesus ausdrücklich als Jude dargestellt und gesagt: »Das Heil kommt von den Juden« (4,22). Andererseits werden auch massive Auseinandersetzungen zwischen Jesus und seinem jüdischen Umfeld deutlich. Der Eindruck stellt sich ein, dass es um eine Gegnerschaft, ein Ablösen Jesu aus dem Judentum gehe. Die synoptischen Evangelien schildern dagegen lediglich einige Streitgespräche zwischen Jesus und vor allem den Pharisäern. Die Darstellung des Johannesevangeliums gibt denjenigen Nahrung, die vor allem darauf zielen wollen, was das Originäre und Neue der Botschaft Jesu gewesen war – im grundsätzlichen Gegensatz zum jüdischen Umfeld, in das Jesus von Nazareth eingewurzelt war. So auch Joseph Ratzinger (Benedikt XVI.) in dem zweiten Band seiner Jesustrilogie (»Vom Einzug in Jerusalem bis zur Auferstehung«). Historisch-kritische Exegeten sehen darin den Niederschlag des Konflikts nach dem Ausschluss der Christen aus den Synagogen nach 70 n. u. Z. Haltungen, die nun vertretenen jüdischen Grundanschauungen nicht entsprachen, wurden von der rabbinischen Elite als häretisch abgetan. Dabei hatten die negativen Darstellungen des Johannesevangeliums enorme Folgen und führten in ihrer bedauerlichen Wirkungsgeschichte dazu, einen christlichen Antijudaismus grundsätzlicher Art zu stützen.

Was bleibt, ist der Eindruck einer Spannung unter den Vorzeichen der Ablösung. Diese Spannung müssen wir Juden und Christen bis heute immer wieder aushalten. Und wir müssen einsehen: Der Bruch ist vor allem ein Phänomen der Wirkungsgeschichte Jesu, nicht aber die Intention des Rabbi Jesus. Denn Jesus war kein marginaler Jude. Was er als Pharisäer gelehrt und getan hat, dem haben Menschen später einen neuen Sinn gegeben.

Ein Muslim mit Chuzpe

Amerikas christliche Rechte hat einen neuen islamistischen Terrorangriff aufgedeckt. Diesmal geht es nicht um einen Flugzeugabsturz oder Bombenanschlag, sondern um einen geistigen Angriff. Reza Aslan, ein iranischer Flüchtling, hat ein Buch verfasst, das sich mit der historischen Gestalt Jesu beschäftigt (»Zealot«, auf Deutsch: »Zelot. Jesus von Nazaret und seine Zeit«). Als Teenager selbst evangelikal engagiert, wandte er sich in seiner Studienzeit wieder dem Islam zu. Jetzt ist er promovierter Religionssoziologe und schreibt über Jesus. Aslans Jesusbild ist nicht ganz so, wie es die Kirchen überliefern. Denn »Zealot«

zeigt einen Eiferer für Gott. Es steht unter dem Wort aus dem Matthäusevangelium (10,34): »Ich bin nicht gekommen, Frieden zu bringen, sondern das Schwert.« Jesu Tod beruhe auf der Verurteilung als »König der Juden« durch die Römer, als überführter Umstürzler und möglicher Usurpator der königlichen Macht.

Ganz und gar Jude, ist Aslans Jesus beseelt vom messianischen Gedanken eines eigenständigen Israel. Die Fakten in »Zealot« sind solide, aber keineswegs neu. Aslan geht geradlinig an den klassischen Fragen der christlichen Leben-Jesu-Forschung entlang und kommt zu ähnlichen Einschätzungen wie viele jüdische Kommentatoren seit dem 19. Jahrhundert, allen voran Abraham Geiger.

In Amerika trifft Reza Aslan dennoch einen wunden Punkt. Islamophobe Reaktionen erreichen skurrile Höhen: der Islam als Gegner des Christentums verbreite schon seit Hunderten von Jahren Lügen über Jesus, um die Lehren der Kirche zu zerstören. Ich hingegen vermisse geradezu eine spezifisch muslimische Fragestellung auf den 400 Seiten von »Zealot«. Joseph Ratzinger war der historische Jesus der Forschung zu dünn. Nun rüttelt ausgerechnet ein Muslim an den Grundfesten des christlichen Amerika: mit einem spannenden Bild von Jesus, das es auf die Bestsellerlisten geschafft hat.

Paulus

2017 gedenken nicht nur protestantische Christen der Reformation Martin Luthers. Im Mittelpunkt seiner neuen
Theologie stand sein Verständnis der Schriften des Paulus
von Tarsus, eines Pharisäers, der zum Völkerapostel wurde.
Der Glaube des Paulus war der Glaube Israels: Gott hat
sich den Vätern offenbart, hat seinem Bundesvolk durch
Mose die Tora gegeben, hat durch die Propheten Israel oft
genug zurechtwiesen. Unverrückbar die Zusage: Er wird
sein Volk niemals verstoßen, sondern erlösen. Die Hoffnung Israels war auch die Hoffnung des Paulus: auf bal-
dige Ankunft des Messias. In der christlichen Urgemeinde
wird daraus die Hoffnung auf Jesu Wiederkehr.

Auch Paulus glaubte an das Ende einer dämonisierten
Welt und den sichtbaren Sieg der Liebe über die Sünde.
Im Zentrum des Judentums steht, dass es die Unerlöstheit
dieser Welt immer gespürt hat und sich deshalb nach dem
Reich Gottes sehnte. Aber eine Erlösung, die nur für Visi-
onäre und Mystiker erlebbar ist, ist für das Judentum
keine Erlösung. Hier liegt für uns Juden der Irrtum des
Paulus.

Paulus macht aus dem Gehorsam gegen Gottes Gebot
eine Schuld und raubt dem Menschen damit die Würde,
sich aus eigener Kraft durch das richtige Handeln zu
rechtfertigen. An die Stelle dieser aktiven, unvermittelten
Gottesbeziehung des Tuns stellt er die Allmacht von
Gnade und Glauben und wird späteren Zeiten zum Kron-

zeugen eines passiven Menschenbilds, dem das Empfangen und Erwarten alles ist, das verantwortliche Gestalten aber nichts. Der rechte Glaube steht bei Paulus über dem richtigen Tun. Dem Glauben wird die Macht der Erlösung zugesprochen. Und zwischen Gott und Mensch tritt die Vermittlung eines Erlösers. Hier trennen sich Judentum und Christentum. Und Paulus steht an der Wegscheide. Nimmt das Paulus etwas von seiner Größe? Nein. Denn wer aus Liebe irrt – bleibt. Noch sein Irrtum adelt ihn.

Pessach und Ostern

In manchen Kirchengemeinden hat sich eingebürgert, am Gründonnerstag ein Sedermahl auszurichten, um die Pessacherzählung im christlichen Kontext zu erleben: Man tue doch nichts anderes als Jesus selbst, der als Jude lebte und betete, und als die Jerusalemer Urgemeinde, die selbstverständlich weiter am Tempelgottesdienst teilnahm. Nicht wenige Christen glauben, das jüdische Sedermahl am Vorabend von Pessach gäbe heute noch einen authentischen Eindruck vom Abendmahl, das Jesus mit seinen Jüngern gefeiert hat.

Dieser Gedankengang verkennt, dass sich das Christentum im Lauf der ersten Jahrhunderte als selbständige Religion vom Judentum getrennt hat. Getrennt werden sie bleiben und ihre Gegensätze werden sich auch nicht vereinbaren lassen.

Unser traditionelles Judentum ist nicht identisch mit dem Judentum zur Zeit Jesu. Es hat sich in der Spätantike geformt ebenso wie viele seiner Riten. Die heute verwendete Ordnung des Sedermahls ist jünger als die christliche Abendmahlsüberlieferung. Deshalb bietet der jüdische Seder keine Tuchfühlung mit Jesus, sondern ist in vielen Teilen gerade Ausdruck der Abgrenzung vom Christentum und seiner Umdeutung jüdischer Heilsgeschichte auf Jesus hin. Die Vermischung liturgischer Feiern über Religionsgrenzen hinweg ist also ein hölzernes Eisen. So gut es auch gemeint sein mag, wenn Christen aus romantischer Begeisterung für das Judentum oder auf der Suche nach den eigenen Wurzeln in der Karwoche Pessach feiern: Es hat weniger mit Einfühlung denn mit Vereinnahmung zu tun. In der Differenz die eigene Identität aufspüren ist vielleicht der beste Weg zum Dialog.

Karfreitagsfürbitte

Jahrhundertelang gab es in der katholischen Liturgie am Karfreitag die Fürbitte für die »ungläubigen« oder »treulosen« (so wurde das lateinische *perfidus* verstanden) Juden: »Lasset uns auch beten für die ungläubigen Juden, dass Gott, unser Herr, den Schleier von ihren Herzen wegnehme, auf dass auch sie unseren Herrn Jesus Christus erkennen [...], damit sie das Licht deiner Wahrheit, welches Christus ist, erkennen und ihrer Finsternis entrissen werden.« Die Begriffe *perfidus/perfidia,* bezogen auf die Juden, wurden 1959 gestrichen.

Nach dem Zweiten Vatikanischen Konzil lautet die Fürbitte seit 1970 ganz anders: »Lasst uns auch beten für die Juden, zu denen Gott, unser Herr, zuerst gesprochen hat: Er bewahre sie in der Treue zu seinem Bund und in der Liebe zu seinem Namen, damit sie das Ziel erreichen, zu dem sein Ratschluss sie führen will. [...] Allmächtiger, ewiger Gott, du hast Abraham und seinen Kindern deine Verheißung gegeben. Erhöre das Gebet deiner Kirche für das Volk, das du als erstes zu deinem Eigentum erwählt hast: Gib, dass es zur Fülle der Erlösung gelangt.«

2007 gab Benedikt XVI. den alten Messritus als »außerordentliche Form« der Liturgie für die ganze katholische Kirche wieder frei – und damit auch die alte Fürbitte für die Juden. Damals wiesen weltweit Vertreter des Judentums darauf hin und forderten eine Abänderung dieses Gebets. Auch viele christliche Organisationen baten um Klärung: dass der Bund Gottes mit seinem Volk Israel Bestand hat ohne Jesus. Das Hin-und-Her, ob und wie künftig am Karfreitag für die Juden gebetet würde, ließ mehr vermuten als nur einen Fehler in der Kommunikation des Vatikans.

Ungläubig las die Welt dann die Verfügung des Papstes, mit der er die Karfreitagsbitte im *Missale Romanum* von 1962 veränderte und für die »außerordentliche Form«

des katholischen Ritus vorgeschrieben hat: »Lasst uns auch beten für die Juden, auf dass Gott, unser Herr, ihre Herzen erleuchte, damit sie Jesus Christus erkennen, den Retter aller Menschen. [...] Allmächtiger ewiger Gott, du willst, dass alle Menschen gerettet werden und zur Erkenntnis der Wahrheit gelangen. Gewähre gnädig, dass beim Eintritt der Fülle aller Völker in deine Kirche ganz Israel gerettet wird.«

Führt der Weg zum Heil also auch für Juden letztlich durch die Kirche und durch die Anerkenntnis Jesu als Heiland? Kardinal Walter Kasper, zu dieser Zeit für das Verhältnis zum Judentum zuständig, versuchte zu beruhigen: Die Bitte um Bekehrung der Juden sei nur eine »endzeitliche Hoffnung«. Die katholische Kirche wolle im Diesseits keine Judenmission, es handele sich lediglich um ein Zitat aus dem Römerbrief. Wenn Rom in dem neuen Text von der Bekehrung der Juden spreche, müsse man das richtig verstehen. Ich meine, ich verstehe schon.

Was treibt uns an?

Worauf hoffen wir? Juden sprechen vom *tikkun olam*, der »Heilung der Welt«. Dieser Begriff kommt bereits seit der Mischna vor, bei Maimonides im 12. Jahrhundert und ist seit dem 14. Jahrhundert Teil des *Alenu*-Gebets am Ende eines jüdischen Gottesdienstes; man begegnet ihm in der

Kabbala, und Rabbi Judah Löw, der *Maharal* von Prag, verwendet ihn. Dabei durchläuft das Wort durch die Zeiten hindurch einen Bedeutungswandel. Heute beschreibt *tikkun olam* theologisch ein jedes zivilgesellschaftliche und soziale Engagement von Juden und ihren Gemeinden. Es basiert auf den biblischen Säulen sozialen Lebens: Neben einer sozialen Rechtsprechung (*mischpat*) verlangt es vom Einzelnen und der Gemeinschaft Gerechtigkeit (*zedaka*) und Güte (*chesed*).

Joseph Ratzinger hat als Papst Benedikt XVI. in seinen Enzykliken über die Liebe, die Hoffnung und den Glauben gesprochen. Mit seiner Enzyklika über die Hoffnung, *Spe salvi*, soll Zukunftsangst vertrieben werden und Hoffnung entstehen, wo Beklemmung herrscht. Doch in seiner Kritik an den Erträgen der Aufklärung schafft Joseph Ratzinger eher Beklemmung. Zumindest bei all denen, deren Menschenbild davon ausgeht, dass wir Menschen diese Welt verändern können und müssen. Juden glauben, dass Gott uns den Auftrag gegeben hat, die Welt zu heilen, und die Vernunft, dies auch ausführen zu können. Das ist die sittliche Aufgabe des Menschen. Und Gott traut sie ihm zu.

Die Enzyklika *Spe salvi* teilt dieses Zutrauen in den Menschen nicht: »Weil der Mensch immer frei bleibt und weil seine Freiheit immer auch brüchig ist, wird es nie das endgültig eingerichtete Reich des Guten in dieser Welt geben«, heißt es da. Zwar sei der stete Einsatz dafür nötig, dass die Welt besser wird, aber die bessere Welt von morgen kann nicht der eigentliche und genügende Inhalt unserer Hoffnung sein. Wer die bessere Welt verspricht, der macht nach Joseph Ratzinger eine falsche Verheißung. Vor der »Selbstgerechtigkeit« des Menschen wird gewarnt: »Eine Welt, die sich selbst Gerechtigkeit schaffen muss, ist eine Welt ohne Hoffnung.«

Hier, im Bereich des Sittlichen und der Ethik, tritt also die eigentliche Kluft zwischen Judentum und Christentum deutlich zutage. Denn Juden glauben daran: Der Mensch kann in seinem Leben frei zwischen Gut und Böse entscheiden. Irrt er, so kann er umkehren. Und weil er es kann, daher soll er es.

Aber es gibt eine Einsicht, wo wir uns wieder einig sind: »Nicht die Wissenschaft erlöst den Menschen. Erlöst wird der Mensch durch die Liebe.« Hätten wir diese Erfahrung der bedingungslosen Liebe durch einen anderen Menschen nicht, was wäre das Leben?

Benedikt XVI.

Ich saß im Schatten der Bäume des Rothschild-Boulevards in Tel Aviv, als die schier unglaubliche Nachricht kam: Papst Benedikt XVI. zurückgetreten. Bilder tauchen vor dem geistigen Auge auf, wie ich Joseph Ratzinger 2005 das erste Mal persönlich begegnete. Wenige Wochen vor dem Tod Johannes Pauls II. trat mir in der Glaubenskongregation ein würdiger und freundlicher Herr entgegen, der gewillt war, die guten Beziehungen zum Judentum zu bewahren und zu pflegen. Er war sich bewusst, dass er die Kraft dafür nicht aus der persönlichen Biografie würde aufbringen können, wie dies Karol Wojtyła gegeben war. Aber ich meinte zu spüren: Er fühlte die Verantwortung. Was bleibt also aus jüdischer Sicht von diesem Pontifikat, das weltweit mit Reaktionen des Respektes, der Achtung und Liebe bedacht wird?

Der aschkenasische israelische Oberrabbiner Yona Metzger und der Oberrabbiner Roms Riccardo di Segni priesen unisono die Beziehungen der Judenheit mit dem Vatikan in den Jahren seines Pontifikats und drückten ihre Hoffnung auf eine Fortführung dieses Kurses aus. Diese Ausführungen durften allerdings eher dem aktuellen Anlass geschuldet sein, denn noch 2008 hatte Di Segni die Approbation eines Karfreitagsgebetes im außerordentlichen Ritus durch den Papst als »tragischen Rückschritt« bezeichnet und die italienische Rabbinerkonferenz war über Monate sehr unangenehm berührt. 2009 setzte die damalige Präsidentin des Zentralrats der Juden, Dr. Charlotte Knobloch, den Dialog mit der katholischen Kirche aus, so belastend wurde die Rehabilitierung des bischöflichen Holocaust-Leugners Richard Williamson durch den Vatikan auf jüdischer Seite empfunden. Auch ohne die Wellen um Piusbruderschaft und Karfreitagsfürbitte könnte der Schluss erlaubt sein, dass die jüdische Euphorie und echte Liebe für Johannes Paul II. etwas unsanfte Bekanntschaft mit der Realität der katholischen Kirche ge-

macht hat, wie sie Joseph Ratzinger während seines Pontifikats wieder trennscharf herausgearbeitet hat.

Seit 2007 rückte Benedikt XVI. mit seiner Jesus-Trilogie den auferstandenen Christus ins Zentrum. Joseph Ratzinger war der »historische Jesus« zu mager geworden, den
die Wissenschaft der letzten zwei Jahrhunderte übriggelassen hat. Nur der Glaube mache aus Jesus Christus den
»Schlüssel des Ganzen« für »Altes« und für Neues Testament, der aus purer historischer Methode nicht hervor-
kommen könne. Juden und Christen haben also ein gemeinsames Fundament in der Heiligen Schrift, sind aber
getrennt in ihren unterschiedlichen Leseweisen. Die »gemeinsame Schrift« bedeute noch keine substanzielle Nähe
von Juden und Christen.

Und Ratzingers Wahrnehmung der jüdischen Theologie? In seiner »Einführung in das Christentum« von 1968
behandelt er die Verantwortung der Menschen für diese
Welt; sie würden am Ende »nach ihren Werken« gerichtet.
Er zieht eine ausdrückliche Parallele zum Judentum: »Es
dürfte nützlich sein, in diesem Zusammenhang an Ausführungen des großen jüdischen Theologen Leo Baeck zu
erinnern, denen der Christ nicht zustimmen wird, aber an
deren Ernst er auch nicht achtlos vorübergehen kann.«
Ihm ist der universale Anspruch der Ethik des Judentums
deutlich: »Baeck zeigt dann, wie sich dieser Universalis-
mus des auf der Tat gründenden Heils immer deutlicher in
der jüdischen Überlieferung kristallisiert, um schließlich
ganz klar hervorzutreten in dem ›klassischen‹ Wort: ›Auch
die Frommen, die nicht Israeliten sind, haben an der ewi-

gen Seligkeit teil‹.« An diesem einen Beispiel wird deutlich: Joseph Ratzinger kennt die jüdische Position, aber er teilt sie nicht: »Es ist nicht unsere Aufgabe, im Einzelnen zu bedenken, wie diese Aussage mit dem vollen Gewicht der Lehre von der Gnade zusammen bestehen kann [...] Vielleicht wird man letztlich auch gar nicht über ein Paradox hinauskommen, dessen Logik sich vollends nur der Erfahrung eines Lebens aus dem Glauben erschließen wird.«

Das Judentum konnte bei Joseph Ratzinger auf die Achtung und Wertschätzung »als Familie Jesu« zählen. Das war ein Vermächtnis seines Vorgängers, dem Benedikt XVI. unbedingt treu bleiben wollte. Die Akzente der Botschaft dieses Theologen auf dem Papstthron waren jedoch anders gesetzt. Seine Aufgabe als Pontifex verstand er so, die katholische Lehre zu verkünden, wie sie ihm wichtig ist und wie er sie für wahr hält. Heute kann ich sagen: Ich habe großen Respekt vor dem Glauben Joseph Ratzingers. Manche Juden – vielleicht auch ich – mögen mehr erhofft haben. Ich bin ihm aber dankbar für seine ehrliche Nähe in der Verschiedenheit der Positionen.

Beten für einen Freund

In der Hebräischen Bibel findet sich zwar kein ausdrückliches Gebot zum Gebet, dafür gibt es aber zahlreiche Beispiele leidenschaftlichen Gebets, so etwa bei Jona, Hiob, Jeremia und Habakuk, bei den Psalmisten und bei vielen anderen Propheten. Seit der Zeit des Zweiten Tempels haben sich feste Gebetszeiten und Gebetsformeln ausgeprägt, die für Juden und Jüdinnen weltweit verbindlich sind. Viele dieser Pflichtgebete finden sich bereits in der Mischna und im Talmud. Individuelle Gebete ergänzen das Gebet in der Gemeinschaft und die Segenssprüche. Mose selbst gibt Beispiele dafür, dass auch ein freies Gebet Wirkung haben kann, ganz unabhängig von festen Gebetsordnungen und Gebetbüchern. Oft sind solche freien Gebete Bitten, die wir Gott vorlegen in ganz besonderen Situationen. Der Talmud sagt: »Der Heilige, gelobt sei er, sehnt sich nach den Bittgebeten der Gerechten« (Jewamoth 64a).

Wir Juden kennen Bittgebete für uns selbst und für andere, Gebete zum Dank und zum Lob, Sündenbekenntnisse und die Bitte um Vergebung. Auch Gebete für die Obrigkeit sind dem Judentum wohlbekannt, schon um die Treue zum Schutz- und Landesherrn deutlich zu machen. In welche Kategorie würde ein Gebet für Papst Franziskus fallen, frage ich mich: für einen, der an der Spitze der Kirche frischen Wind bringt und Zeichen zum Umdenken setzt. Franziskus hat schon bei seiner Wahl den Wunsch ausgedrückt, man möge ihn durch Gebet in seiner Arbeit stützen. Ein solches Gebet hat seinen Ausgangspunkt sicher in dem Wunsch, dass Gott mit denen sei, die in Verantwortung stehen. Bei Franziskus kann es auch ein Dankgebet sein für jemanden, der es versteht, die Menschen für Gott zu gewinnen. Und die Bitte, dass es ihm gelinge, die hohen Erwartungen zu erfüllen, die viele Menschen an ihn knüpfen. Bei Franziskus ist die Kategorie also nicht »Gebet für die Obrigkeit«. Es ist das Bitten für einen Freund.

Ein Ketzer als Brücke

Die jüdische Auseinandersetzung mit der christlichen Theologie ist sehr oft auf das protestantische Denken bezogen. Die Beschäftigung mit der sogenannten »Alten Kirche« fällt weit weniger intensiv aus. Und doch findet sich eine gedankliche Auseinandersetzung bei Leo Baeck, die in der Einsicht mündet, dass es dem katholischen Denken gelungen sei, den paulinischen Einfluss in der Kirche abzuschwächen. Nach Baeck bedurfte dafür die Alte Kirche der Hebräischen Bibel und seines Sittengesetzes. In seinem Aufsatz »Judentum in der Kirche« von 1925 beschreibt er, wie die katholische Kirche dementsprechend das Prinzip vom Glauben und den Werken aufgestellt habe und damit sowohl dem Alten wie dem Neuen Testament sein Recht zuerkannte.

Das werde daran ersichtlich, dass der Brief des Jakobus in das Neue Testament aufgenommen und an die Spitze der katholischen Briefe gestellt worden sei, diese unnachgiebige Streitschrift gegen Paulus und dessen Satz, dass der Mensch durch den Glauben ohne die Werke des Gesetzes gerechtfertigt werde. Jakobus setzt dem entgegen, dass der Mensch gerechtfertigt wird aus den Werken und nicht aus dem Glauben allein (Jakobus 2,14–26). Die katholische Lehre wurde nach Leo Baeck damit auf dem Fundament dieses geschichtlichen Kompromisses mit dem Jüdischen entwickelt. Aus jüdischer Sicht hat das Papsttum immer wieder mit großer diplomatischer Kunst den Kompromiss zwischen Glauben und Werken aufrechtzuerhalten vermocht. Augustinus heiliggesprochen zu haben und dennoch der Irrlehre des Ketzers Pelagius immer wieder Wirkung zu verschaffen, das macht die Leistung der Päpste aus. So hat die katholische Kirche durch die »Werkgerechtigkeit« eine Brücke zum jüdischen Ursprung geschlagen, über die die reformatorischen Kirchen mit ihrer Betonung der Unverfügbarkeit der Gnade nicht ohne weiteres gehen könnten.

Martin Luther

Martin Luther war nach anfänglicher Sympathie für die Juden zum Urheber schlimmer antisemitischer Hetze geworden. Es wird überraschen, dass Martin Luther in jüdischer Rezeption seit dem 19. Jahrhundert zum Symbol geistiger Freiheit wurde. Jüdische Reformer wie Saul Ascher (1767–1822) begriffen ihn als Wegbereiter für Emanzipation und Erneuerung des Judentums. Die jüdische Luther-Verehrung erinnert damit sehr an die Begeisterung für Friedrich Schiller.

Leopold Zunz, der Begründer der *Wissenschaft des Judentums,* sah Luther 1855 als den Überwinder des Mittelalters, der seiner Zeit weit voraus gewesen sei und dessen Wahrheiten, insbesondere die Gedanken- und Gewissensfreiheit, in der Gegenwart überhaupt erst eingeholt werden müssten. Zunz-Schüler Abraham Geiger würdigte Luther als Befreier vom Geist priesterlicher Macht, so wie einst die Pharisäer den priesterlichen Sadduzäismus überwunden hätten. Nicht nur für Geiger war es Luthers Bibelübersetzung, die ihn heraushob, die ihre Wurzeln aber schließlich im Judentum hatte: »Mit seiner Bibelübersetzung legte Luther das Zeugnis ab, dass er seine Erfrischung der Kirche mit den Mitteln des Judentums vollbracht.«

Als Abraham Geiger 1855 Paris besuchte, verglich er den Panthéon mit der Walhalla, die König Ludwig I. von Bayern errichten ließ, und erinnerte daran, dass bei der Eröffnung der deutschen Gedenkstätte 1842 Martin Luther nicht zu den Geehrten gehörte: Der König von Bayern hielt »ein schlechtes Totengericht, und Martin Luther wurde aus der Reihe der großen deutschen Männer ausgeschieden«. In seiner Schrift »Das Judenthum und seine Geschichte« (1871) würdigte er Luther als einen Mann, »der mit dem Hammer seines Geistes die alte Form zertrümmert, die geistliche Bevormundung beseitigt hat«, ihm gebühre »ein Platz in der Ehrenhalle des deutschen

Volkes und der Menschheit«. So haben die Juden über Luther stets Besseres zu sagen gewusst als er über uns.

Adolf von Harnack

Sie haben einander nicht persönlich gekannt. Als der große evangelische Kirchengeschichtler Adolf von Harnack (1851–1930) starb, schrieb Rabbiner Leo Baeck an dessen Witwe: »Auch wir dürfen ihn Lehrer und Meister nennen.« Aus diesem Schreiben spricht Wertschätzung, aber wirklich begegnet sind sich die beiden nicht. Harnack sprengte den dogmatischen Panzer und zeichnete ein neues Bild des Christentums: individualistisch, undogmatisch, schöpferisch, reformerisch. Und damit sich dieses aufgeklärte Christentum leuchtend abhob, benötigte Harnack das Bild eines erstarrten, pharisäischen Judentums, das ganz dem Gesetz verhaftet ist und nicht in die Moderne passt.

Die jüdische Presse sprach offen von dem zersetzenden Einfluss Harnacks auf die vielfach »wehrlos dastehende jüdische Intelligenz«. Deshalb waren jüdische Gelehrte wie Leo Baeck gezwungen, gegen Harnacks Vorstellung vom Judentum als überholter Vorform des Christentums anzugehen. Es ging ihnen um die Existenzberechtigung eines modernen Judentums in christlich dominierter Kultur: »*daß unserer Religion in einem jeden Kulturstaate mit den christlichen Konfessionen gleiches Recht, im Geistesleben der Kulturvölker Raum zugestanden werde«.* Ein neues Verhältnis zwischen Juden und Christen wurde möglich, weil viele Kirchen nach der Schoa ihren Absolutheitsanspruch aufgegeben haben und anerkennen, dass der Bund Gottes mit seinem Volk andauert.

Logik und Mystik

Für Juden und Muslime ist die Vorstellung einer Drei-Einigkeit Gottes schwierig, so wie sie das Christentum von jeher lehrt: weil es in Jesus von Nazareth die Brücke zwischen Gott und den Menschen erkennt. Das Judentum jedoch lehnt die Vorstellung von der Menschwerdung Gottes entschieden ab und lehrt den strengsten Monotheismus. Darauf bezieht sich das Wort Salomos (Kohelet 4,8) von dem »Einen ohne Zweiten, der keinen Sohn und keinen Bruder hat«. Und in der Auslegung zur biblischen Geschichte von der Bindung Isaaks stellt die jüdische Tradition die Frage: »Wenn Gott es nicht mit ansehen konnte, dass Abraham seinen Sohn opferte, hätte er seinen eigenen Sohn töten lassen, ohne die ganze Welt zu zerstören und sie zum Chaos zu machen?«

Gerade die mittelalterliche Religionsphilosophie hat eindringlich auf die Widersprüche und die logische Unmöglichkeit einer Dreifaltigkeit hingewiesen. Moses Maimonides lehrte im 12. Jahrhundert, dass Gott absolut jenseitig und hier auf Erden nur durch negative Attribute beschreibbar sei. Positive Aussagen ermöglichen einzig sein Handeln in der Geschichte: durch die Weisung seiner Tora und durch die Bundesgenossenschaft mit seinem Volk Israel. Der Glaube an die Dreifaltigkeit widerspricht für Chasdai Crescas (14. Jahrhundert) dem Grundsatz, dass Gott eine notwendige Existenz ist. »Wenn wir sagen, dass der Sohn geboren ist, dann ist auch Gott geboren. Wenn nun Gott geboren ist, dann ist er geschaffen und verursacht. Wer aber geschaffen ist, ist keine notwendige Existenz.« Und deshalb resümierte Jehuda Halevi (12. Jahrhundert): »Bei der Lehre der Dreifaltigkeit ist für die Vernunft kein Platz.« Für die Vernunft nicht, aber vielleicht für die Mystik. Denn im kabbalistischen Schrifttum, zum Beispiel im *Sohar*, aus dem 13. Jahrhundert, wird durchaus von Gott in zehn Seinsweisen gesprochen. Vielleicht entging der *Sohar* deshalb der Bücherverbrennung, die die Franziskaner 1553 auf dem Campo dei Fiori Roms anordneten.

Wertegemeinschaften

Rabbiner Abraham Geiger befand: »Das Judentum lehrt die Ehe des einen Weibes mit einem Manne, die Monogamie.« Das war jedoch nicht immer und überall so. In biblischer Zeit und noch viele Jahrhunderte später kam es vor, dass ein Mann nicht nur eine Ehefrau hatte. Jakob, der Stammvater des Volkes Israel, war mit zwei Frauen verheiratet, Lea und Rachel. Dasselbe gilt für Mose und andere biblische Personen. Einige Gesetze im Pentateuch gehen klar davon aus, dass ein Mann zwei oder mehr Frauen ehelichen konnte. Auch die meisten talmudischen Gelehrten akzeptierten mehrere Ehefrauen. Allerdings konnten sich das nur Wohlhabende leisten. Wenn sich schließlich in Europa eine monogame Präferenz entwickelte, ist dies auf den Einfluss der griechischen und römischen Kultur und der christlichen Kirche zurückzuführen. Der oströmische Kaiser Justinian verbot die Polygamie im 6. Jahrhundert, wenn auch nur mit begrenztem Erfolg. Die spätere jüdische Rechtsliteratur berichtet, Rabbiner Gerschom ben Juda aus Mainz habe um 1040 ein Dekret gegen die Vielehe erlassen.

In den vom Islam geprägten mittelalterlichen jüdischen Gemeinden wurde die Mehrehe hingegen weithin akzeptiert. Maimonides gestattete einem Mann, bis zu vier Frauen zu heiraten, aber nicht mehr – eine Regel, die auch im Islam gültig ist. Rabbiner Eliezer Papo (1785–1826) aus Sarajewo erwähnt noch im 19. Jahrhundert die Möglichkeit der Bigamie bei Kinderlosigkeit. Mehrere Ehefrauen waren also in weiten Teilen des sefardischen Judentums sehr lange üblich. Einwanderer in den Staat Israel vor allem aus dem Jemen mussten sich zwar für eine Ehefrau entscheiden; den anderen gegenüber blieben sie jedoch unterhaltspflichtig.

Was zeigt uns das? Ein »jüdisch-christliches Abendland« im Sinn einer exklusiven Wertegemeinschaft gibt es
nicht. Auf biblischer Basis haben sich in den drei Schriftre-
ligionen ganz unterschiedliche kulturelle Konventionen
entwickelt. Dabei ist das Judentum dem Islam oft genauso
nah wie dem Christentum.

Proselyten

Grundsätzlich gibt es zwei Wege, den Status eines Juden
zu erlangen: durch Geburt oder durch Übertritt. In der
Antike nahmen Menschen nicht selten die Religion eines
fremden Landes an, wenn sie sich auf Dauer dort nieder-
ließen. Auch die Übernahme des Judentums durch Nichtjuden wurde nach dem babylonischen Exil ein häufigeres
Phänomen. In griechisch-römischer Zeit nahm die Zahl
der Übertritte zum Judentum zu. Besonders die Pharisäer
waren eifrige Missionare. Der Evangelist Matthäus sagt
von ihnen: »Ihr zieht über Land und Meer, um einen einzigen Menschen für euren Glauben zu gewinnen« (23,15).
Die Rabbinen hießen also – mit einigen Ausnahmen –
Proselyten willkommen: »Die Tore sind offen zu jeder
Stunde, und ein jeglicher, der eintreten will, mag dies tun«
(Exodus Rabba). Und sie waren sehr erfolgreich darin,
Konvertiten zu gewinnen.

Einmal übergetreten, genießt der Proselyt alle Rechte eines Juden und muss entsprechend behandelt werden. Es gilt im Übrigen als Sünde, ihn mit seiner nichtjüdischen Vergangenheit zu konfrontieren. Im Mittelalter wurde die Konversion zum Judentum zur Seltenheit, denn auf christlichen Druck war sie oft bei Todesstrafe verboten. Erst die bürgerliche Emanzipation der Juden im 19. Jahrhundert machte die Zulassung von Proselyten wieder möglich. Angesichts der aktuellen Zahl von Juden und Jüdinnen, die mit einem nichtjüdischen Partner verheiratet sind – in den USA aktuell etwa siebzig Prozent – setzen heute viele jüdische Gemeinden darauf, nichtjüdische Ehepartner aktiv für das Judentum zu gewinnen. Allerdings wird durch einen Eintritt ins Judentum kein besonderer Vorteil erworben. Mit dem Konzept vom Bund Noahs und seinen sieben Geboten gibt das Judentum allen Nichtjuden die Möglichkeit, vor Gott und den Mitmenschen Wohlgefallen zu erwerben. Als Gerechte unter den Völkern können sie die gleiche geistige und moralische Stufe erreichen wie der Hohepriester im Tempel.

Seitenwechsel unter Brüdern

»Ich bin als Jude geboren. Ich trage den Namen meines Großvaters väterlicherseits, Aron. Christ geworden durch den Glauben und die Taufe, bin ich doch Jude geblieben«, so heißt es auf der Gedenktafel des Pariser Kardinals Jean-Marie Lustiger (1926–2007). Nach jüdischem Brauch ließ er sich Erde aus Israel in den Sarg geben, vor dem katholischen Requiem beteten jüdische Verwandte Psalm 113 auf Hebräisch sowie das *Kaddisch*. Sein Tod war von weltweiter Anteilnahme begleitet – auch von jüdischer Seite. In Nachrufen wurde immer wieder die jüdische Herkunft des Kardinals hervorgehoben, der 1926 als Aron Lustiger in Paris geboren worden war, sich nach der Deportation seiner Eltern bei einer Pflegefamilie in Orléans versteckte und mit vierzehn Jahren getauft wurde. Anlässlich des vierzigsten Jahrestags der Konzilserklärung *Nostra aetate* sollte Lustiger 2005 in Rom sprechen. Der römische Oberrabbiner Riccardo di Segni verurteilte damals diese Wahl: Lustiger sei durch seinen Übertritt kein Vorbild für den Dialog von Juden und Katholiken. Andere Rabbiner und ich nahmen aber demonstrativ teil. Denn zum Dialog gehört unweigerlich auch das Risiko, dass Leben und Zeugnis meines Gegenübers mich dazu motivieren könnte, die Seiten zu wechseln. Wenn wir, wie Johannes Paul II. einmal gesagt hat, Brüder sind, dann sollte uns ein solcher Wechsel Einzelner nicht irritieren.

Diese Bewegung gibt es in beide Richtungen. Im Todesjahr des jüdischen Kardinals wurde die als evangelische Christin aufgewachsene Gesa Ederberg in ihr Amt als Gemeinderabbinerin der Jüdischen Gemeinde zu Berlin für die Synagoge Oranienburger Straße eingeführt. Zu ihrer Amtseinführung überbrachten die damalige evangelische Bischöfin von Hamburg, Maria Jepsen, Grüße auch im

Namen des damaligen Ratsvorsitzenden der EKD, Bischof Wolfgang Huber.

Könnte die katholische Kirche damit fertig werden, dass es eine ganze Anzahl von Juden gibt, die ursprünglich in das Christentum hineingeboren waren, bevor sie zur Bruderseite gewechselt sind? Könnte die katholische Kirche über ihren Schatten springen und akzeptieren, dass die Taufhandlung an einem Kind nicht schwerer wiegt als die freie Entscheidung des Jugendlichen oder Erwachsenen, einen jüdischen Weg mit Gott zu gehen, den Weg des »älteren Bruders«? Dann erst wäre Lustigers jüdische Herkunft keiner Rede mehr wert.

Vermächtnis

Am 27. Januar, dem Jahrestag der Befreiung von Auschwitz, wird der Opfer des Nationalsozialismus gedacht. Der 27. Januar war es auch, an dem 1943 Rabbiner Leo Baeck festgenommen wurde; am nächsten Tag deportierte man ihn aus Berlin nach Theresienstadt. Der Präsident der Reichsvereinigung der Juden in Deutschland wurde mit beinahe siebzig Jahren Adolf Hitlers besonderer Gefangener. Baeck lehrte einen Widerstand sittlich-geistiger Art, wo Menschen zur Nummer wurden, gegeneinander gehetzt und zu Tode gequält. Sieben- bis achthundert Menschen drängten sich in einen kleinen Raum, um seinen

Vorträgen über Platon und Kant zuzuhören. Aber es gab auch viele private Begegnungen, in denen er sich seinen Mithäftlingen widmete, ihnen als Rabbiner und Tröster diente, gütig, wahrhaftig und wohlwollend.

Den Schrecken der Schoa hat Leo Baeck überlebt. Es war kein Grund für ihn, an Gott zu verzweifeln oder zu sagen »Gott ist tot«. Aber den Kirchen ersparte er den Vorwurf nicht, dass sie ihre Gläubigen nicht zum Widerstand gegen die Diktatur und das Morden erzogen hatten. Menschen hätten hier die Rechte anderer Menschen wirksam verteidigen müssen. Wer alles von Gottes Gnade erwarte, habe nicht genug Kraft, aktiv Gottes Gebote in der Welt durchzusetzen und so Teil von Gottes Schöpfungsarbeit zu werden. Die Nähe von Kirche und Staat war ihm ein besonderer Dorn im Auge. Sie habe die Kirchen blind gemacht und unfrei, ihre Botschaft konsequent zu vertreten. 2016 war es ein halbes Jahrhundert, dass dieser Rabbiner gestorben ist. Er bleibt für Juden weltweit eine Quelle der Inspiration.

Was Leo Baeck damals vermisst hat, vermissen viele noch heute. Gott hat uns Menschen eine Aufgabe gegeben, seine Welt heil zu machen. Wir – Christen, Juden und Muslime – haben die Kraft dazu, dem Guten zum Durchbruch zu verhelfen. Gemeinsam müssen wir es angehen.

LAND UND STAAT ISRAEL

Israel und die Diaspora

Für jüdische Theologie ist es immer wichtig, sich auf Israel zurückzubeziehen, weil der Bund, den Gott mit seinem Volk geschlossen hat, sich in der Verheißung des Landes Israel begründet. Das ist so, wie wenn ein Liebespaar immer wieder zu dem Baum zurückkehrt, in dessen Schatten sich die beiden erstmals ihre Liebe gestanden und geschworen haben. In diesem Land hat sich die Erwählung Israels konkretisiert, so dass man sagen kann, dass Gott dort, in der Geschichte des jüdischen Volkes, erfahrbar wurde. So sind im Buch Exodus die Erfahrung der Errettung der Juden aus der Sklaverei in Ägypten mit der Landverheißung und der Erfüllung dieser Verheißung eng verknüpft. Deshalb sollten wir uns auch erinnern: Die Besiedelung Palästinas, seine Wiederbesiedelung durch Juden, hat nicht erst 1948 begonnen, sondern schon sehr lange vorher: Möglichweise werte ich die Errichtung des Staates Israel deswegen nicht als »Zeichen Gottes«, weil mir eher diese Kontinuität wichtig ist. So hat für mich die Gründung Israels kein Offenbarungsmoment. Dafür war die Staatsgründung auch zu wenig religiös fundiert.

Eigentlich hatten die Gründer des Staates Israel ein sozialistisches Experiment vor. Und die heutigen Probleme im Bereich des israelischen Religionsrechtes sind auch darauf zurückzuführen, dass man 1948 wohl dachte, die religionsrechtlichen Fragen würden sich irgendwie und irgendwann von selbst erledigen, denn die Religionen würden in diesem Staat ohnehin keine zentrale Rolle spielen.

Im 19. Jahrhundert haben Juden ein ähnliches Problem gehabt wie die römischen Katholiken. Beiden hat man in Deutschland Verbindung zum Ausland und mangelnde Loyalität dem jeweiligen Nationalstaat gegenüber vorgeworfen, und man hat sie deswegen verleumdet und diskriminiert. Und beide haben demgegenüber betont, loyale Bürger des Staates zu sein, in dem sie leben und dessen Bürger sie sind. Bis 1791 blieben Juden in Frankreich bürgerliche Rechte vorenthalten; erst im Zuge der Französischen Revolution wurden sie ihnen zugesprochen – allerdings um den Preis der Privatisierung ihrer Religion; genau dafür steht das berühmte Diktum des Grafen von Clermont-Tonnerre vom 23. Dezember 1789: »Den Juden als Nation nichts, den Juden als Individuen alles!« Als Kultusgemeinschaft wurde das Judentum unter Kaiser Napoleon Bonaparte 1808 staatlich anerkannt. 1812 folgte das Emanzipationsedikt in Preußen, im Königreich Hannover erhielten die Juden erst 1842 ihre staatsbürgerlichen Rechte.

In dieser geschichtlichen Situation trat bei Juden das Selbstverständnis, ein Volk zu sein, in den Hintergrund. Aber der Volksbegriff muss nicht ethnisch verstanden werden. So spricht das Zweite Vatikanische Konzil auch im Hinblick auf die Christen vom »Volk Gottes«. Auch der Begriff des jüdischen Volkes ist vielschichtig. Wer sich in Tel Aviv auf die Straße stellt und die Menschen beobachtet, wird feststellen, wie vielfältig und verschiedenartig

Israelis sind, die – oder deren Vorfahren – bekanntlich aus aller Herren Ländern eingewandert sind. Was für die israelische Gesellschaft gilt, gilt auch für die Diaspora.

Der Begriff *Am Israel*, jüdisches »Volk«, steht meines Erachtens für die kontinuierliche Beziehung Gottes zu einer bestimmten Gruppe von Menschen. Gott ist ihr Gegenüber durch die ganze Geschichte hindurch. Der Erwählungsbegriff spielt dabei eine Rolle, in dem eine spezifische Gotteserfahrung abgegrenzt wird gegen andere mögliche Erfahrungen. Gleichzeitig ist der Begriff des jüdischen Volkes ein offener Volksbegriff. Denn Menschen aller Völker können dem Judentum beitreten, und sie haben es im Laufe der Geschichte ja auch immer getan. Solche Konvertiten werden behandelt, als seien sie schon am Sinai dabei gewesen, als Mose die Tora entgegennahm. Das heißt: Alle die, die die Tora als ihre Lebensordnung wählen und sich in die jüdische Schicksalsgemeinschaft hineinstellen, gehören zum jüdischen Volk, zum *Am Israel*.

Eine geistige Entwicklung wird deutlich. Schon 1937, in der *Columbus Platform*, haben die amerikanischen Reformjuden – anders als noch in der *Pittsburgh Platform* von 1885 – erklärt, Juden müssten den Aufbau einer »Jüdischen Heimstätte« in Palästina unterstützen – als Zufluchtsort für verfolgte Juden, aber auch als »Zentrum jüdischer Kultur und Spiritualität«. Die Einstellung vieler Juden in der Diaspora zum Land Israel dürfte sich auch deswegen geändert haben, weil die Euphorie der Emanzipationszeit über den Nationalstaat, in dem man als gleichberechtigter Bürger leben wollte, abebbte. Die Frage, wie man die Gleichberechtigung erreichen kann, hatte sich in der zweiten Hälfte des 20. Jahrhunderts vielerorts erledigt. In den Vordergrund trat die Frage nach der jüdischen Identität: Was heißt es für mich, Jude sein? Und hier in Deutschland war die Frage noch schwieriger: Was heißt es für mich, Jude in Deutschland zu sein?

Selbst wenn Juden dem Staat Israel neutral gegenüber stehen, wirkt er ja auf sie ein. Denn wir Juden, und das gerade in Deutschland, werden mit dem verbunden, was dort passiert, und wir müssen dazu immer wieder Position beziehen. Insofern kann man mit Leo Baeck von einer schicksalhaften Verknüpfung sprechen. Als liberaler Jude würde ich mir auch das Bild Leo Baecks von der Ellipse zu Eigen machen, der das Verhältnis zwischen Israel und den Juden gleiche, die anderswo leben, in der Diaspora. Das heißt: Jüdische Erfahrung bewegt sich zwischen zwei Polen, der eine ist das Land und der Staat Israel, und der andere ist die Diaspora. Gerade auch im Blick auf die Gegenwart muss ich feststellen, dass viele der Fragen, die das Judentum heute bewegen, wesentlich in der Diaspora lebendig diskutiert und geistig reflektiert werden. Das gilt gerade für die USA, wo heute die meisten Juden außerhalb Israels leben. Ich hoffe, dass sich das europäische Judentum, als eine dritte Säule, langsam wieder erholt, um eine weitere Stimme in diesem lebendigen Konzert beitragen zu können. So hat für mich die Diaspora einen enormen spirituell-religiösen Wert, durchaus ebenbürtig dem Bezug auf das Land Israel.

Die Diaspora mischt sich auch ein, wenn in Israel über innerjüdische, religiöse wie politische Fragen gestritten wird. Eine Plattform dafür ist die *Jewish Agency,* deren Ziel nicht nur die Einwanderung nach Israel ist, sondern auch die Stärkung der weltweiten jüdischen Gemeinschaft. Die Diaspora mischt sich auch ein, wenn es um die Frage geht, wer als Jude gilt und Anspruch auf die israelische Staatsbürgerschaft erheben kann. Diese Einmischung ist wichtig für den Fortbestand Israels als Staat und als Ausgangspunkt religiöser Inspiration für die gesamte jüdische Weltgemeinschaft.

Für mich ist deshalb wichtig, dass es für Juden bei der Landverheißung und ihrer Erfüllung nicht einfach um ein Besitzrecht geht, sondern vor allem um eine Aufgabe. Das wird im 119. Psalm deutlich, in dem der Beter sich bewusst ist, dass er ein Gast im Land ist. Und er bittet Gott: »Verbirg vor mir nicht deine Gebote.« Das heißt doch: Mit dem Land ist die Aufgabe verbunden, Gottes Gebote zu verwirklichen. Das wird auch in der Unabhängigkeitserklärung des an sich säkularen Staates Israel deutlich. Denn dort heißt es über den jüdischen Staat, er werde sich auf Freiheit und auf Gerechtigkeit und Frieden im Sinne der Visionen der Propheten stützen. Damit ist ein Konzept vorgegeben, auch wenn es – schaut man auf die aktuelle Politik – nicht immer verwirklicht wird.

Überfordert ein so hoher Anspruch nicht ein Land und seine Bürger? Ich meine: Nein. Vielmehr muss darüber gestritten werden, wie die Politik diesem hohen Anspruch gerecht wird, und das geschieht auch. Eine große Anzahl von Juden in Deutschland betrachten mit Missvergnügen und Sorge die Spannungen, die sich aus Anspruch und Wirklichkeit ergeben. Antidemokratische Tendenzen, ein sich kontinuierlich fortsetzender politischer und religiöser Rechtsruck, die Diskriminierung nichtjüdischer Minderheiten und die Herabwürdigung von Frauenrechten sind eine Belastung für unsere Solidarität mit dem Staat Israel. Wenn orthodoxe Juden darauf dringen, dass in den Stadtbussen Jerusalems Männer und Frauen getrennt sitzen, stößt das bei uns auf Befremdung. Wenn betende Frauen mit Polizeigewalt von der westlichen Tempelmauer entfernt wurden, wie dies Anat Hoffman vom *Israel Religious Action Center* und den Frauen von *Women of the Wall* geschehen ist, bedeutet dies einen eklatanten Bruch von Gleichheitsrechten, die der Oberste Gerichtshof im Jahr 2000 den Frauen explizit zugestanden hatte. Werden Entscheidungen des Obersten Gerichtshofs aus politischen Rücksichten untergraben, beschädigt das das Rechtsstaatlichkeitsprinzip. Für uns Deutsche ist das schwer hinnehmbar, haben wir doch gelernt, wie das Grundgesetz und damit die Grundwerte unserer Gesellschaft durch ein starkes Bundesverfassungsgericht gehütet und bewacht werden.

Juden in der Diaspora haben sich als verlässlicher Partner Israels bewährt, wir sprechen ein prinzipielles Ja zu diesem Staat und seiner funktionierenden Demokratie, der in einer wirklich prophetischen Situation, nach der Schoa, zur Heimstätte für das jüdische Volk geworden ist. Doch unsere Solidarität als Juden der Diaspora muss durch Israel auch solidarisch beantwortet werden. Das heißt, dass man unsere Treue und Anhänglichkeit nicht auf existenzielle Proben stellen darf. Denn wir halten auch für wahr, was der Oberste Gerichtshof in seinen Entscheidungen immer wieder deutlich macht: Israel ist sowohl ein jüdischer Staat als auch ein Staat aller seiner Bürger. So sind Juden in der Diaspora heute ein durchaus kritischer Partner Israels.

Viele religiöse Konfliktfälle beeinflussen das Zusammenleben in Israel negativ: In Israel kann beispielsweise ein Katholik keine Jüdin heiraten. Denn es gibt bisher keine Zivilehe. Daher, um nur ein Beispiel zu nennen, muss dieses katholisch-jüdische Paar – wie viele andere israelische Paare – nach Zypern fliegen, um standesamtlich heiraten zu können. Das schränkt natürlich ihre Grund- und Menschenrechte ein. Die Einführung der Zivilehe ist deshalb eine unbedingte Forderung vieler Juden, auch als Ausdruck der Trennung von Religion und Staat und der Gleichbehandlung aller jüdischen Strömungen. Es wäre sehr wichtig, auf diese Weise starke innerjüdische Konflikte einer Lösung zuzuführen und das Verhältnis der Juden in der Diaspora zum Staat Israel nicht weiter auf die Probe zu stellen. Religionsgesetzlich ist einem *Kohen* – einem Nachkommen von Priestern – die Ehe mit einer Geschiedenen verwehrt. Auch diese beiden israelischen Staatsbürger haben in Israel gegenwärtig nicht die Möglichkeit, die Ehe einzugehen, weil ein orthodoxer Rabbiner die beiden nicht trauen würde. Als kritischer Partner des

Staates Israel sprechen liberale und konservative Juden solche und andere Fragen immer wieder an.

Reinhold Robbe, von 2010 bis 2015 Präsident der Deutsch-Israelischen Gesellschaft, analysiert: »Deutschland ist durch den Holocaust mit Israel und dem jüdischen Volk weltweit verbunden. Daraus erwächst große Verantwortung.« Damit beschwört er eine Schicksalsgemeinschaft. Diese gilt für Juden wie Nichtjuden gleichermaßen – und hier in Deutschland besonders. Doch ich möchte den Blick weiten auf die Erfordernis einer Wertegemeinschaft. Unsere Zivilgesellschaften müssen voneinander lernen und sich auch bereichern.

Ein Streit über den richtigen Weg sollte auf der Basis gemeinsamer Werte möglich sein – im Unterschied zu anderen Ländern. Bleiben wir gemeinsam engagiert für ein demokratisches und pluralistisches Israel. Wir wollen mit aller Kraft verhindern, dass sich der Staat Israel zu einer Theokratie entwickelt.

Heimat in der Fremde

Es gibt eine traditionelle Einheit zwischen dem Gott Israels, dem Volk Israel und dem Land Israel. Deswegen auch die Regel, dass das Wohnen im Land alle anderen Gebote aufwiegt. Denn für orthodoxe Juden ist das Halten der 613 Ge- und Verbote eng mit dem Land Israel verknüpft. Sehr viele dieser Ge- und Verbote lassen sich nur dort richtig halten. Tatsache ist aber auch: Jüdische Erfahrung bewegt sich längst elliptisch zwischen zwei Polen. Der eine ist das Land und der Staat Israel, und der andere ist die Diaspora. Das hat schon mit dem babylonischen Exil im 6. Jahrhundert vor unserer Zeitrechnung begonnen und wurde endgültig wahr mit der Zerstörung des Jerusalemer Tempels im Jahre 70.

Der Talmud, der in Babylon entstanden ist, besitzt größeres Gewicht und höhere Autorität als der Palästinische Talmud. Mit anderen Worten, die Existenz in der Diaspora ist für Juden nie nur eine Notsituation gewesen, mit Defiziten behaftet, sondern sie hat für das Judentum von jeher auch einen positiven Beitrag geleistet. Das, was wir heute als Judentum wahrnehmen, das rabbinische Judentum, ist in der Zerstreuung erst richtig zum Tragen gekommen, als Juden die Eigenstaatlichkeit endgültig verloren hatten. So sind Juden früh zu Spezialisten der Mobilität geworden. Oft hat ihre Umwelt sehr dazu beigetragen, gerade die christliche.

Spätestens mit den Kreuzzügen begann für die Juden Europas ein mühseliges Leben in Ausgrenzung und ständiger Wanderschaft. Vergleichsweise besser war es unter islamischer Herrschaft. Rabbiner Isaak Zarfati lud 1470 alle deutschsprachigen jüdischen Gemeinden ein, sich doch im Osmanischen Reich anzusiedeln. Und als Isabella die Katholische ihr Spanien endgültig »judenrein« haben wollte, schickte 1492 Sultan Bayezid II. sogar Schiffe und nahm viele Juden bei sich auf. Er versprach sich Impulse für sein Land, weil Juden als Händler seit jeher zu den Katalysatoren der Globalisierung gehört haben. So wurde die Tora, um mit Heinrich Heine zu sprechen, das »portative Vaterland« der Juden. Und Mobilität zu einem Markstein jüdischer Identität.

»Nächstes Jahr in Jerusalem«

»Wo immer der Jude lebt, dieser Staat Israel geht ihn an, ja wirkt auf ihn ein, ob er es will oder nicht, und bedeutet für ihn ein geschichtliches Schicksal«, schrieb Rabbiner Leo Baeck nach seinem Israel-Besuch im Jahr 1951. Die Hoffnung auf Erlösung ist in der jüdischen Tradition unmittelbar mit Zion verbunden, also mit der Stadt Jerusalem.

»Wenn ich dich vergesse, Jerusalem, so möge meine Rechte verdorren«, heißt es in den Psalmen, und wir richten uns beim Gebet immer nach Jerusalem aus, wo sich bis zum Jahre 70 der Tempel mit dem Allerheiligsten befand; der Talmud gibt uns genaue Anweisungen dazu. Auch wenn der Großteil der Juden in der Diaspora lebt: Die Verbindung zu Jerusalem riss nie ab. Zum *Sederabend* am Pessachfest sagen Juden: »Heute sind wir noch hier, aber nächstes Jahr vielleicht im Lande Israel.« Der Wunsch »Nächstes Jahr in Jerusalem!« bringt eine Sehnsucht zum Ausdruck, die sich über zwei Jahrtausende erhalten hat. Diese Sehnsucht geht mit einer endzeitlichen Erwartung einher: Nach Jesaja 2,2 sollen alle Völker am Ende der Tage nach Jerusalem ziehen, um dort das endgültige Friedensreich zu empfangen.

Liberale Juden mögen ein anderes Verhältnis zum Lande Israel haben als orthodoxe, doch auch für uns gilt: »Das Judentum ist die Seele, deren Körper Israel ist.« So ist es nur selbstverständlich, dass die *Weltunion für progressives Judentum,* die weltweit größte religiöse jüdische Bewegung mit 1,8 Millionen Mitgliedern, ihren Sitz inzwischen in Jerusalem hat. In Anbetracht der oft genug düsteren tagespolitischen Ereignisse bleibt die Sehnsucht nach dem ewigen Jerusalem, so wie sie Hilde Domin in ihrem Gedicht ausdrückt: »Wo die neue Stadt beginnt, Jerusalem, die Goldene, aus Nichts.« Mit dem Psalm Davids sagen wir: »Wünschet Jerusalem Glück! Es möge wohlgehen denen, die dich lieben! Es möge Friede sein in deinen Mauern und Glück in deinen Palästen!«

Niemand sonst

Der Enthusiasmus christlicher Gutmenschen scheint gewichen, mit dem der Staat Israel und sein Aufbau euphorisch begleitet worden war. Stattdessen Sicherheitsbedenken überall. Vor jedem Supermarkt, öffentlichen Gebäude und jedem Restaurant Kontrollen, wie auf dem Flughafen. Busse werden gemieden. Deutlich noch die Erinnerung an den überall lauernden Tod durch Selbstmordattentäter. Die Unbefangenheit ist nicht wieder da, aber die Gefahr hat sich real verringert. Die Mauer hat dies erreicht, begonnen 2002. Ein verzweifelter Akt des Selbstschutzes lässt heute Israelis sich hinter einem Wall verschanzen. Als 2007 die deutschen Bischöfe Israel besucht haben, hat sich der Eichstätter Ökobischof Gregor Maria Hanke nach dem Besuch der Gedenkstätte Yad Vashem mit dem Vergleich verewigt, die Palästinenser hinter dem Sicherheitswall lebten wie im Warschauer Ghetto. Für jüdische Augen ist fraglich, wer nun eigentlich im Ghetto lebt: die Israelis oder die Palästinenser. Israel hat sich hinter der Mauer in Sicherheit gebracht. Seitdem sind die Akte öffentlichen Terrors zurückgegangen. Die Gefahr aber bleibt. Besuch in der Armeebasis 11. Der kommandierende General spricht davon, Israel sei in der Mitte eines hundertjährigen Krieges angekommen. Israelis müssten noch lange damit leben. Und uns wird klar: Manche Besucher Israels kommen nur ins Wolkenkuckucksheim ihrer politischen Korrektheit. Wir Juden aber müssen mit der Realität des Nahen Ostens zurechtkommen. Die jungen Kadetten der Armeebasis 11 wissen, was das heißt: Die Schoa wird sich niemals wiederholen. Sie sind die Garanten des Lebensrechts Israels, niemand sonst. Leider.

Siebzig Jahre

Ein besonderes Land wird 2018 sein siebzigjähriges Bestehen feiern. Am 14. Mai 1948 verlas David Ben-Gurion die Unabhängigkeitserklärung Israels übers Radio. Am selben Tag endete das Völkerrechtsmandat der Briten über Palästina. Die Vision einer Heimstatt für alle Juden in der Welt nahm schon auf dem Ersten Zionistenkongress 1897 Gestalt an. Der Wiener Journalist Theodor Herzl (1860–1904) hatte sie 1896 in seinem Buch »Der Judenstaat« skizziert. Unter dem Eindruck der Affäre Dreyfus in Frankreich war ihm klar geworden, dass Juden einen Nationalstaat bräuchten, weil ihnen andere Länder stets die Gleichberechtigung versagen würden. Die Balfour-Deklaration verbriefte 1917 das Recht auf nationale Erneuerung; 1947 kam es zum UN-Teilungsplan für Palästina. Das jüdische Gemeinwesen im Land Israel allerdings hatte sich lange vor der Unabhängigkeitserklärung entwickelt: Tel Aviv wurde 2009 bereits hundert Jahre alt.

Die Unabhängigkeitserklärung Israels verbürgt soziale und politische Gleichberechtigung ohne Unterschied von

Religion, Rasse und Geschlecht. Ziel sind die Glaubens- und Gewissensfreiheit und freie kulturelle Entfaltung aller Bürger. Entstanden ist die erste und einzige Demokratie im Nahen Osten, ein Experiment ohne sichere Grenzen, das seine Existenz seit 1948 immer wieder verteidigen muss. Aber das Verhältnis zu Israel ist nicht ohne Belastungen: Aus der Diaspora wird gefordert, Israel müsse endlich die Trennung von Staat und Religion forcieren und die Zivilehe einführen. Es stört die liberal-konservative Mehrheit des Diasporajudentums, dass der Staat Israel ein orthodoxes Oberrabbinat unterhält, dessen Hegemonieansprüche die Autonomie aller jüdischen Gemeinden infrage stellt. Auch die nächsten siebzig Jahre werden spannend. *Mazal tov*, Israel!

GERECHTIGKEIT UND FRIEDEN

Gewissen im Judentum

Durch alle Jahrhunderte hindurch war das Judentum klar und konsistent: Das Gute in uns ist die Folge davon, dass wir im Bilde Gottes geschaffen wurden. Gott, so sagt das erste Kapitel der Genesis, habe Adam geschaffen, »im Bilde Gottes« (1,27, vgl. 5,1). Und einer der größten Rabbinen, Rabbi Akiba, merkt an (Pirke Awot 3,14):

> *»Geliebt ist der Mensch,*
> *denn er wurde nach Gottes Bild erschaffen.*
> *Größere Liebe war es, dass ihm mitgeteilt wurde,*
> *dass er nach Gottes Bild erschaffen wurde.«*

Die der jüdischen Religion wesentliche Vorstellung der Gottesebenbildlichkeit aller Menschen bedeutet für Juden als auch Nichtjuden, dass beiden ein Erkenntnisweg zu Gott offensteht und beide die Möglichkeit besitzen, die Vernunft als Mittel zur ethischen Vollendung anzuwenden: zur Erreichung der Freiheit. Der Mensch kann nur dann ein sittlich verantwortliches Wesen sein, wenn die Verantwortungsfähigkeit zu seinem Wesen gehört. Dies schließt auch die Verantwortung ein, das Gute zu erstreben. Nach biblischer Auffassung kann nämlich jeder Mensch, unabhängig von einem spezifischen Offenbarungsverständnis, auf diskursivem Weg zu philosophisch-theologischen Erkenntnissen gelangen. Und wer immer sich ethisch verhält, hat Anteil an der kommenden

Welt. Leo Baeck spricht von der allgemeinen »Aristokratie des Gewissens«, einem »Adel, der alle fordert«.

Hier wird deutlich, dass Juden keineswegs glauben, die allein seligmachende Offenbarung zu besitzen. Dabei verweisen Juden auf Noah und seine sieben Gebote an die Menschheit. Der Fremdling, der im Judentum als »Sohn Noahs« betrachtet wird, ist dabei ganz genauso Geschöpf Gottes wie der Jude selbst. Durch die sieben noachidischen Gebote als allgemeiner Möglichkeit, vor Gott Gerechtigkeit zu erlangen, wird aus dem theologischen Begriff des Menschen als Geschöpf Gottes der politische Begriff des Mitmenschen, des Mitbürgers. Der Andere (*acher*) wird zum Bruder (*ach*) durch die Verantwortung (*achrajut*), mit der er im Gemeinwesen handelt.

Das ist nach jüdischer Auffassung, was das Ziel unseres Lebens vor Gott sein sollte: Gerechtigkeit üben und Gerechtigkeit suchen. Gerechtigkeit aber wird durch Werke und Leistungen, durch Pflichterfüllung und das Ringen um das Gebot erlangt. Denn: Religion soll nicht ein gutes Gewissen schenken, sondern das Gewissen in einen ständigen Zustand der Unruhe und Herausforderung versetzen. Nur dann ist sie wahrhaft Religion. Sie muss fähig sein und entschlossen, jeder geschöpflichen Macht Widerstand anzusagen und Widerstand zu leisten, wenn es gilt, das Ewige zu verteidigen.

Nach Baecks Überzeugung mangelt es dem Christentum in seiner Betonung von Glaube und Gnade an Dynamik und an Ungeduld, um Gottes Reich aktiv im Hier und Jetzt aufrichten zu wollen. Wer »wie ein Gelähmter«

auf das Heil und den Glauben harren muss, dessen Glaube ist nach Baeck nicht Ausdruck errungener Überzeugung und denkend und forschend erarbeiteter Gewissheit. Mit der Orientierung auf die sittliche Tat tritt die Frage nach der geglaubten »Wahrheit« im Judentum in den Hintergrund. »Der Jude ist aufgefordert, den Sprung der Tat zu wagen, nicht so sehr den Sprung des Denkens.«

Was aber ist mit der moralischen Zweideutigkeit des menschlichen Wesens, dem Ringen zwischen Gut und Böse? Wollen wir mit unserem freien Willen immer das wählen, was gut ist? Die jüdische Interpretation der Geschichte von Adam und Eva im Garten Eden unterscheidet sich von der christlichen: Vor dem Sündenfall besaßen Adam und Eva die absolute Fähigkeit, Wahrheit von Lüge zu unterscheiden. Nachdem sie vom Baum der Erkenntnis gegessen hatten, sahen sie aber, dass sie nackt waren. Moses Maimonides meint dazu: Schon vorher hatten sie gesehen, dass sie nackt waren, aber sie hatten keine Ahnung von der Bedeutung dessen. Das Naschen vom Baum der Erkenntnis führte dazu, dass von da an der Mensch in einem ständigen Widerstreit von Wahrheit und Lüge dem Guten immer wieder erneut zum Sieg verhelfen muss. So wie Gott den guten Trieb schuf, so schuf er ebenso auch den bösen Trieb *(jetzer ha-ra)*, damit die Menschen die Möglichkeit und die Verantwortung haben, zwischen beiden zu wählen. Das Substantiv *jetzer* leitet sich von dem Verb *jatzar*, »bilden«, her und bedeutet daher etwas wie »einen fundamentalen Aspekt der menschlichen Beschaffenheit« oder »eine grundlegende menschliche Disposition«. Natürlich wirft dies die Frage auf, wie ein guter Gott einen bösen Trieb schaffen kann, und die Antwort ist, dass zumindest zum großen Teil der böse Trieb trotz seines Namens nicht von Grund auf böse ist. Wenn alle Werke Gottes gut sind, kann der *jetzer ha-ra* nicht an sich böse sein. Zum Beispiel erreicht die Schöpfungsgeschichte ihren Höhepunkt in der Erschaffung der Menschen. An dieser Stelle sagt der Text: »und siehe, es war sehr gut« (Genesis 1,31). Hier wird das pleonastische (das heißt logisch überflüssige) Wort »und« als Hinweis darauf verstanden, dass die Menschen mit zwei Trieben geschaffen wurden, einem guten und einem bösen, die Aussage »sehr gut« beziehe sich auf beides. »Aber«, fährt der Midrasch (Bereschit Rabba 9,7) fort, »kann der böse Trieb ›sehr gut‹ genannt werden? Das wäre erstaunlich!« Und dann erklärt er: »Gäbe es diesen Trieb nicht, würde niemand ein Haus bauen, heiraten, Kinder zeugen oder geschäftliche Interessen verfolgen.«

Durch diesen erhellenden Text wird deutlich, dass der *jetzer ha-ra* ein Oberbegriff ist für Selbsterhaltung, Gefallen, Macht, Besitz, Ansehen, Beliebtheit und so weiter. Diese Triebe sind nicht an sich böse. Im Gegenteil, sie sind gut in dem Sinne, dass sie biologisch nützlich sind. Aber sie sind extrem mächtig, und wenn sie nicht durch ein waches Gewissen kontrolliert werden, können sie uns schnell dahin bringen, das Recht und die Bedürfnisse anderer außer Acht zu lassen und ihnen Schaden zuzufügen. In diesem Sinne – weil er uns so oft dazu treibt, das Falsche zu tun – ist der *jetzer ha-ra* böse. Aber er braucht es nicht zu sein; die psychische Energie, für die er steht, kann auch zu guten Zielen gelenkt werden.

Dies ist keineswegs einfach. Im Gegenteil. »Wer ist ein Held«, fragt Ben Soma in der Mischna (Pirke Awot 4, 1f), und antwortet: »derjenige, der seinen (bösen) Trieb bezwingen kann«. Auch Leo Baeck spricht vom »Heldentum des Gewissens, Idealismus der Entscheidung«.

Die Frage ist, wie man den guten Trieb pflegt und aktiviert, so dass er die notwendige Kontrolle ausüben kann. Und die rabbinische Antwort ist: durch Studium, Gebet und Beachtung der Gebote. Sich mit der Tora zu beschäftigen hat im rabbinischen Judentum eine doppelte Bedeutung. Es bedeutet, ihre Lehren zu studieren, denn dies zu tun bedeutet, im Kontakt zu sein mit dem Denken Gottes und ist deshalb sowohl eine spirituelle als auch eine intellektuelle Beschäftigung. Aber sich mit der Tora beschäftigen bedeutet ebenso, jenen Weg des Lebens zu praktizieren, den die Tora vorschreibt: einen Weg, der sowohl einen ethischen Kodex beinhaltet als auch religiöse Disziplin erfordert. Training für das Gewissen.

Gerechtigkeit und Barmherzigkeit

Das Judentum ist eine Religion des Gebots. Aus der Halacha, dem Jüdischen Recht, erwächst die Motivation sowohl für das persönliche wie für das kollektive Verhalten. Das Wort *halacha* kommt von dem hebräischen Verb *halach* (gehen). Die Halacha ist demnach »der zu gehende Weg«. Ihre Wurzeln reichen zurück bis zur Hebräischen Bibel. Durch einen sich über Jahrtausende erstreckenden Interpretationsprozess hat sich das Jüdische Recht weiterentwickelt, um stets aufs Neue den Bedürfnissen der jüdischen Gemeinschaft in der jeweiligen Gegenwart gerecht zu werden. Deshalb ist jeder Versuch, das Judentum zu verstehen, zum Scheitern verurteilt, wenn er sich nicht auch mit der zentralen Bedeutung des Jüdischen Gebots auseinandersetzt – in seiner Vielgestalt und seiner ganz eigenen Schönheit, seinen Mechanismen und Entwicklungsmöglichkeiten sowie mit seinen verschiedenen Positionen und Anschauungen im Hinblick auf einen jüdischen Alltag, der seine Prägung und Ausrichtung von der Religion her erfährt. Der verbindende Charakter der jüdischen Rechtstradition von Abraham über die Propheten bis zu den Rabbinen und heutigen Gelehrten ist gerade die unaufhörliche und gewissenhafte Suche nach Gerechtigkeit.

Weil der Mensch im Angesicht Gottes geschaffen ist, hat er die Verantwortung und auch die Möglichkeit, ihm nachzufolgen. Hier berühren sich göttliche und menschliche Sphäre. Wir sollen uns nicht einbilden, wir seien Gott und könnten, gewissermaßen in einer Art Allmachtswahn, unseren Willen zum Gesetz erheben – obwohl wir das praktisch oft genug tun. Aber wir haben den Auftrag, Gottes Gerechtigkeit, Barmherzigkeit und Liebe durch unser Handeln in die Welt zu bringen. Diese Begriffe sind geradezu synonym: in der jüdischen Auffassung ist Gerechtigkeit Barmherzigkeit und Liebe.

Dem Frieden nachjagen

Das jüdische Neujahr, *Rosch Haschana,* ist kein Freudenfest mit Feuerwerk und Tanz, sondern Auftakt für die zehn Tage der Umkehr hin zum Versöhnungstag, *Jom Kippur.* Wenn Juden sich in den zehn Bußtagen zwischen Neujahr und dem Versöhnungstag Jom Kippur treffen, grüßen sie sich mit den Worten »zu einem guten Jahr mögest du eingeschrieben und besiegelt werden«. Diese Grußformel geht auf ein Gebet zurück: »Gedenke unser zum Leben, König, der du am Leben Wohlgefallen hast; und schreibe uns ein in das Buch des Lebens.« Es ist wohl allen Juden ein Bedürfnis, sich in diesen Tagen auszusprechen, offene Rechnungen zu begleichen, beim Nächsten um Entschuldigung zu bitten. Denn Juden glauben: Wir können mit Gott nur dann ins Reine kommen, wenn wir zuvor auch untereinander alle Versäumnisse und Vorurteile von Mensch zu Mensch ausgeräumt haben.

Rabbiner Eric Yoffie, Präsident des amerikanischen Reformjudentums von 1996 bis 2012, setzte für seine 900 Gemeinden mit 1,5 Millionen Mitgliedern in den USA ein besonders bedeutungsvolles Zeichen. In einer Rede bei der *Islamic Society of North America* in Chicago rief er im September 2007 als erster prominenter jüdischer Vertreter überhaupt dazu auf, dass die amerikanische Gesellschaft eindeutige Tendenzen der Diskriminierung von Muslimen überwinden müsse. Ein Mehr an Dialog sei zu versuchen, um – Juden und Muslime gemeinsam – eine Zweistaatenlösung im Nahen Osten voran zu bringen.

Starker Tobak angesichts von diffusen Islamismusängsten und realer Terrorgefahr direkt vor der Haustüre. Aber wir Juden lernen aus unserer Überlieferung, dass *Schalom* nicht vom Himmel fällt. Manches Mal ist ein mühseliger Prozess notwendig, und die israelische Gesellschaft hat sich dazu in der Vergangenheit auch immer wieder bereit gezeigt.

Die jüdische Tradition lehrt: Man muss dem Frieden nachjagen, sich beständig um ihn bemühen. Und dabei müssen wir alle über den eigenen Tellerrand schauen lernen. Wo sind die Suppenküchen der jüdischen Gemeinschaft, um den Armen unserer Gesellschaft die Hand zu reichen? Wo unsere Flüchtlingsinitiativen? Unternehmen wir Juden genug, um die Schöpfung zu bewahren, die Natur zu retten und an der »Heilung der Welt« mitzuwirken? Umkehr bedeutet Erneuerung, und das gilt nicht zur zum jüdischen Neujahrsfest und nicht nur für uns Juden. Rabbiner Leo Baeck hat es so formuliert: »Im sozialen Gedanken werden die Menschen zur Menschheit.«

Wahrheit und Frieden

Das Judentum ist eindeutig in seiner Bewertung der Lüge als dem großen Weltenzerstörer und damit als der Kraft, die dem Schöpfungswillen Gottes die Stirn bieten will. Der Midrasch erzählt: Die Falschheit kam zu Noah und bat ihn, ihr einen Platz in der Arche zu sichern. Noah antwortete: ich nehme nur Paare auf. Da suchte die Falschheit einen Partner, der mit ihr reisen wollte: und siehe, sie fand schließlich die Zerstörung. Nach einigen tausend Jahren des Lebens in Gemeinsamkeit schlug die Falschheit vor, ihren Güterzugewinn zu ermessen. Gewinn?, fragte die Zerstörung. Alles, was ich jemals anfasste, ist nicht mehr. Gemeinsam haben wir nichts geschaffen.

»Lügen ist eine Kunst« hört man immer wieder, und die Fähigkeit zur Illusion und dichterischen Freiheit gehört zur Möglichkeit einer kunstfertigen Gesprächskultur. Die Weisen sagen: »Wahrheit ist das Siegel des Heiligen, gepriesen sei er« (bT Schabbat 55a). Wenn Wahrheitsliebe die größte Form der Gottesliebe ist, dann müssen wir aus jüdischer Sicht genau über das Verhältnis von Lüge und Wahrheit nachdenken und über die Rahmenbedingungen des menschlichen Lebens, wie sie das Judentum lehrt. Unser Auftrag lautet, den Willen Gottes in allen Aspekten des menschlichen Lebens zu erfüllen, vor allem das Gebot »Von dem Wort der Lüge halte dich fern« (Exodus 23,7). Wenn wir lernen, nicht mehr zu lügen, sondern wahrhaftig zu sein, dann sind alle Dinge möglich, sogar die letzte Überwindung des Risikos, das Gott in Kauf genommen hatte, als er die Menschen auf diesem Planeten erschuf. Wer lügt, untergräbt das Fundament der Welt, wer es aber mit der Wahrheit genau nimmt, trägt zu ihrer Erhaltung bei.

Was aber heißt: »es mit der Wahrheit genau nehmen«? Bedeutet es, dass jede Unwahrheit strikt verboten ist? Hier fängt es an, interessant zu werden. Denn erst wenn wir die Ausnahmen kennen, erschließt sich uns die Problematik von Lüge und Wahrheit im Judentum vollends.

Rabbi Saadia Gaon sah in der Wahrhaftigkeit eine der drei Quellen der Vernunftgesetze der Tora: Die Praxis von Gerechtigkeit, Wahrheit, Fairness und Rechtschaffenheit gehören dazu. Die göttliche Weisheit hat es zu einer ihrer Grundsätze gemacht, dass wir Menschen die Wahrheit sprechen und uns der Lüge enthalten. Und doch gibt es eine Anzahl von Rechtsquellen, die für die praktische Auslegung des Lügenverbotes bedeutsam sind. Im Babylonischen Talmud, Traktat Ketubbot 16b-17a, geht es bei einem berühmten Streit zwischen den Schulen des Schammai und des Hillel um die öffentliche Würdigung der Braut: »Die Rabbanan lehrten: Wie erfolgt der Tanz vor der Braut? Die Schule Schammais sagt, je nach der Beschaffenheit der Braut. Die Schule Hillels sagt, man spreche: ›Schöne Braut und liebreiche!‹ Die Schule Schammais sprach zur Schule Hillels: Wie sollte man, wenn sie lahm oder blind ist, über sie sagen: ›Schöne Braut und liebreiche!‹, die Tora sagt ja: von einer Lüge halte dich fern!? Die Schule Hillels erwiderte der Schule Schammais: Hat man, nach eurer Ansicht, wenn jemand einen schlechten Kauf auf dem Markte gemacht hat, die Ware in seinen Augen zu loben oder herabzusetzen? Doch wohl zu loben. Hierauf bezugnehmend sagten die Weisen: Stets passe man seine Sinnesart der seiner Mitmenschen an.«

Es ist eigenartig, wie Hillel hier den Hinweis Schammais auf die biblische Weisung »Von dem Wort der Lüge halte dich fern« unter Bezug auf die gesellschaftliche Etikette abfertigt. Was veranlasste Hillel, hier vom Diktat der absoluten Wahrheitsliebe abzugehen? Klar ist, dass Schönheit im Auge des Betrachters liegt und der Bräutigam sicherlich am Tage der Hochzeit seine Braut als reizend und schön betrachtet, physisch oder in anderer Hinsicht. Nach Hillel handelt es sich bei der Wendung »Wunderschöne und liebreizende Braut!« um eine standardisierte Floskel in der Trauzeremonie, die metaphorisch gemeint ist. Ein konkreter Bezug wird nur dann hergestellt, wenn die Aussage auch tatsächlich zutrifft.

Es gibt also eine Schwingungsbreite der Definition von Wahrheit und Lüge im Judentum, die jenseits des absoluten Prinzips wenige Abweichungen zulässt, wenn die Gründe als gültig erachtet werden. Absolute Wahrhaftigkeit ist wesentlich in allen gerichtlichen Verfahren (bShevu 30b-31a) und Lüge ist verboten, wenn andere dadurch Schaden erfahren.

»Um des Friedens willen« darf man von der Wahrheit abweichen oder zugunsten anderer ethischer Imperative wie Demut, Bescheidenheit und Rücksichtnahme. Allerdings kann eine Gesellschaft nicht bestehen, in der die Wahrheitsvermutung völlig korrumpiert ist. Deshalb kann die Abwägung von punktuellem Leid für einen Einzelnen gegenüber dem Grundsatz der Wahrheit als Zusammenhalt der Gesellschaft nicht sehr großzügig ausfallen. Eine »weiße Lüge« ist also nur dann erlaubt, wenn die Gesellschaft als Ganzes oder eine Zweierbeziehung durch die Wucht der Wahrheit wirklichen Schaden nähme.

Lügen aus Gewohnheit ist verboten. Der Talmud (bT Jev 63a) erzählt von Rav, den seine Frau quälte, indem sie Linsen kochte, wenn er um Kichererbsen bat, und Kichererbsen, wenn er Linsen bestellte. Als sein Sohn Hija erwachsen war, bestellte er sein Essen »verkehrt« herum: Linsen, wenn er Kichererbsen wollte, Kichererbsen, wenn es ihm nach Linsen war. Sein Vater aber verbot es ihm. Obwohl Lügen zur Erhaltung der ehelichen Harmonie erlaubt sind, wies Rav seinen Sohn Rabbi Hija in diesem Fall an, sein Tun zu ändern, weil er es als Gewohnheitslüge betrachtete.

Das Verbot der Unwahrheit bezieht sich nicht nur auf die Äußerung unrichtiger Aussagen, es umfasst die Verbreitung aller falschen Ideen durch Taten, Sprache oder Schrift, aktiv oder passiv, direkt oder indirekt implizierend. Auch in Fällen, wo Lüge ausnahmsweise zugelassen wird, ist die Zweideutigkeit des Ausdrucks einer klaren Lüge vorzuziehen: zum Beispiel eine uneindeutige Aussage, die auf die Wahrheit deutet, die aber vom Zuhörer missverständlich ausgelegt werden kann.

Geschäftsbeziehungen erfordern dagegen notwendig das volle Verständnis aller bezogenen Parteien über das einzugehende Rechtsgeschäft (bT Kiddushin 49b). Man kann von Geschäftspartnern nicht erwarten, dass sie verborgene Vorbehalte und Intentionen erkennen. Der Verkäufer ist also verpflichtet die Vertragsbedingungen genau in der Weise einzuhalten, wie er sie mit dem Käufer vereinbart hat. Ein innerer Vorbehalt ist in geschäftlichen Bedingungen ohne Anwendbarkeit.

Allerdings ist Falscheid unter Zwang erlaubt. Anders als soziale Verpflichtungen, stellen Eid und Schwur moralische Verpflichtungen gegenüber Gott dar. Unter Ausübung von Zwang kann ein innerer Vorbehalt eingefügt werden, weil Gott unsere Gedanken lesen kann. Durch den inneren Vorbehalt wird der Bruch des Gebotes von Numeri 30,2: »Erfülle, was aus deinem Mund gekommen ist!« neutralisiert. Dieser mentale Vorbehalt ist insbesondere dann sehr wichtig, wenn eine Person gezwungen wird, einen falschen Eid zu leisten.

Die unbedingte Verpflichtung auf die Wahrheit als Fundament der Schöpfung Gottes hat im Judentum zwei Ziele: den gesellschaftlichen Zusammenhalt und das Grundvertrauen in die Aufrichtigkeit interpersonaler Kommunikation zu sichern und die moralische Integrität des Einzelnen als würdiges und respektiertes Mitglied der

Gemeinschaft und als Geschöpf des wahrhaftigen Gottes aufrechtzuerhalten.

Ein Konflikt zwischen den Prinzipien von Wahrheit einerseits, Frieden, Demut und Respekt andererseits ist nicht immer leicht auszutragen. Wo der moralische Imperativ zur Wahrheit durch Ausnahmen unterhöhlt wird, werden subjektiven Interessen und selbstsüchtiger Manipulation Tür und Tor geöffnet. Der Einzelfall einer Abweichung von der Wahrheit erfordert ständige Praxis in der ethischen und rechtlichen Abwägung unseres Handelns. Die Anwendung zweideutiger Aussagen und eines inneren Vorbehaltes sind strengen Regeln unterworfen. In der Komplexität der heutigen Welt sind wir Menschen immer wieder vor moralische Alternativen gestellt, die Wahrheit und Lüge zum Inhalt unserer Überlegungen werden lassen. Die ständige Hingabe an die Prinzipien von Ehrlichkeit und Wahrhaftigkeit ist der erste Schritt, um eine Welt zu bewahren, in der gegenseitiger Respekt, Vertrauen und Frieden regieren.

Gleichheit und Menschenrechte

Der Talmud erläutert die Bedeutung der Schöpfungserzählung vom ersten Menschen folgendermaßen: »Wenn einer wider den anderen aufsteht und erklärt: Ich bin größer als du, ich bin mächtiger als du, denn mein Vater war

König und dein Vater war nur Sklave, so kann der andere antworten: aber dein Urgroßvater und mein Urgroßvater waren ein und dieselbe Person.« Der Schöpfungsbericht verankert die grundsätzliche Gleichheit aller Menschen und ihre Gottesebenbildlichkeit in unser kulturelles Gedächtnis.

Deshalb hat die Neue Rechte – auch in der katholischen Kirche – sehr recht mit ihrem Misstrauen: Egalitäre Wertesysteme haben ihre Wurzel in der jüdischen Tradition. Wo der Kirche der jüdische Einfluss ein Dorn im Auge ist, gelten auch Freiheit von Gewissen, Aufklärung und die Wertschätzung der menschlichen Vernunft wenig. Jozef Niewiadomski, von 2003 bis 2014 Dekan der katholischen Fakultät in Innsbruck, verweist zu Recht darauf, dass einer der großen Theoretiker der neuen Rechten, Alain de Benoist, das Zweite Vatikanische Konzil als »Judaisierung« des Katholizismus bewertete. Der Schismatiker Marcel Lefebvre machte im Konzil gar satanischen Einfluss aus: weil es die Menschenrechte und die Gleichheit aller Menschen anerkannte. Ich lerne von Niewiadomski: Wenn die katholische Kirche den Feinden des Zweiten Vatikanischen Konzils die Türen der Versöhnung öffnen sollte, so stärkte dies eine Ideologie der Ungleichheit und Intoleranz und förderte damit auch die Gewaltbereitschaft in unserer Gesellschaft.

Folgt man der rabbinischen Lehre, nach der der Mensch ohne Fehler geboren wird, den es zu berichtigen gelte, ist zur Umkehr kein Erlöser notwendig. Jeder hat die Möglichkeit, sich des bösen Triebs selbst zu erwehren.

Damit erhebt die Schöpfungsgeschichte die Vernunft zum Maßstab menschlichen Handelns. Gleichzeitig lehrt sie uns, dem eigenen Tun größte Aufmerksamkeit zu schenken und sich nicht in Dispute über Glaubenssätze zu verlieren.

Ökonomie und Ethik

Mosche Chaim Luzzatto lehrte im 18. Jahrhundert: »Das Verlangen nach Geld bindet den Menschen mit irdischen Fesseln und legt die Stricke der Fronarbeit um seine Arme. Wie die Schrift sagt: ›Wer das Geld liebt, wird am Geld nie satt‹« (Deuteronomium 30,13). Vor der Aufklärung war das ökonomische Denken stark mit Lehren ethischer oder religiöser Herkunft durchsetzt. Wirtschaftliche Vorgänge wurden durch Begriffe der persönlichen Lebensführung definiert. Adam Smith und John Stuart Mill waren ihrem Selbstverständnis nach in erster Linie Moralphilosophen gewesen und avancierten erst im Nachhinein zu den Begründern der modernen Nationalökonomie. Deshalb ist die Frage erlaubt: Ist Wirtschaften eine wertfreie, rein sachliche Angelegenheit, die wir nur mit einem ethisch-moralischen Rahmen als Korrektiv versehen müssen?

Dazu noch einmal Luzzatto: »Bei den meisten Menschen, obwohl sie nicht geradezu Diebe sind, die dem

Nächsten Geld wegnehmen, um es sich in die Tasche zu stecken, streift das Geschäftsgebaren an Diebstahl. Sie halten es für erlaubt, sich durch die Schädigung eines anderen zu bereichern, und meinen: Geschäft ist Geschäft. Die Gewinnsucht ist eine starke Leidenschaft, und darum kann man durch sie mannigfach zu Fall kommen.« Dem Judentum geht es um eine Erweiterung ökonomischer Rationalität durch ethische Vernunft.

Die Halacha betrachtet beispielsweise die Rückzahlung von Schulden als moralische und religiöse Verpflichtung. Ob ein durch Arbeitslosigkeit und Hypothekenlast völlig verarmter Schuldner je von der Pflicht der Rückzahlung befreit wird, ist in der rabbinischen Literatur durchaus umstritten. Joseph Karo (1488–1575) ist im »Schulchan Aruch« der Meinung, die Schuld bliebe erhalten, Meir Auerbach (1815–1878) dagegen hält Verarmung für einen Grund zum Schuldenerlass. In unserer Zeit beschränkt R. Yaakov Yeshaya Blau in seinem Werk »Pischei Choshen« den Schuldenerlass auf Fälle, wo durch höhere Gewalt eine Rückzahlung unmöglich geworden ist. Und trifft diese Schuldnerhaftung auch unsere Nachkommen? Manche mögen auf den Propheten Ezechiel verweisen (18, 20) wo es heißt: »Der Sohn soll nicht die *Schuld* des Vaters tragen und der Vater soll nicht die *Schuld* des Sohnes tragen.« Doch Ezechiel meint damit keine Schulden im finanziellen Sinn. Auch der Verweis auf das Jobeljahr bringt nicht recht weiter, denn dieser Schuldenerlass bezieht sich einzig auf völlig unbesicherte Forderungen, so Moses Maimonides. Außerdem haben die Rabbinen generell den biblischen Idealismus des geregelten Schuldenschnitts zu umgehen gewusst. Hillels *Prosbul* schützt die Interessen von Gläubigern wie von kreditsuchenden Armen gleichermaßen. Denn wer gäbe noch Kredit, wenn das Erlassjahr naht?

So werden die kommenden Generationen also auf den Schulden sitzenbleiben, die wir heute aufhäufen, auch wenn uns dies moralisch fragwürdig erscheint. Vielleicht ist das der Unterschied zwischen dem Leben im Paradies und unserem realen Leben. Nach dem Sündenfall ist es mit der Unbeschwertheit vorbei und wir stehen in einer Sukzession der Verantwortung.

Das Wirtschaftssystem sollte ein zentraler Ort ethischer Reflektionen sein. Denn unternehmerisches Handeln ist immer auch Gegenstand gesellschaftlicher Konflikte: um die Verteilung von materiellen, sozialen und ökologischen Kosten und Nutzen dieses Handelns. Für die Lösung dieser Konflikte gibt es lediglich zwei Wege: entweder das Recht des Stärkeren oder ein sozialethischer Rahmen für unser Gewinnstreben. Die Aufgabenstellung heißt: Überwindung der Polarität von Ethik und Ökonomie.

Finanzmarktkrise

Die Sicherheit der nach 1945 Geborenen scheint einer Vielzahl komplexer Risiken gewichen zu sein, mit denen sich unsere Kinder und Kindeskinder werden auseinandersetzen müssen. Zu Recht wird die Frage gestellt, ob das Geschäftsgebaren im Finanzsektor ethischen Maßstäben immer gerecht wird. Die Folgen der Finanzkrise seit 2008 werden uns noch lange beschäftigen. Wie ist beispielsweise die Verbriefung wenig werthaltiger Hypothekendarlehen zu beurteilen, die Banken auf dem Kapitalmarkt platziert haben? Ist der Weiterverkauf dieser Forderungen etwa nicht als *genevat daʿat* zu betrachten, als »Täuschung«?

Nach Jüdischem Recht ist alles streng verboten, was andere zu falschen Schlüssen verleitet und eine akkurate Bewertung verhindern könnte. Es ist eine gängige Ansicht, dass das Verbot der Täuschung auf dem biblischen Verbot in Leviticus 19,11 »Du sollst nicht stehlen« gründet (Chullin 94a; R. Elieser von Metz [12. Jh], Sefer Yereim, Kap. 224). In Leviticus steht das Verbot im Plural (*lo tignowu*), während in den Zehn Geboten der Singular benutzt wird (Ex 20,13: *lo tignow*). Darauf gründen mehrere Rabbinen die Anwendung des Verbotes auf eine große Bandbreite von Sachverhalten, auch Täuschung.

Die Weitergabe der Risiken aus den Hypothekendarlehen durch so besicherte Wertpapiere ist aus jüdischer Sicht höchst fragwürdig gewesen. Eine Verkettung außerordentlich leichtsinniger Transaktionen, die mitunter in Täuschungsabsicht darauf abzielten, unrechten Gewinn zu erzielen, hat also zu Staatsverschuldung und Finanzmarktkrise geführt. Der Staat hat systemrelevante Akteure des Finanzmarktes gestützt, um keine Kettenreaktion auszulösen. Deshalb dürfen wir den Bankensektor nicht aus der Pflicht entlassen, den entstandenen Schaden für unsere Gesellschaft zu bereinigen. Wir aber müssen uns fragen, ob unser Wirtschaften unsere Kinder nicht der Chancen beraubt, die wir selbst gehabt haben.

Umweltschutz

Das Judentum kennt vier Neujahrsfeste in jedem Jahr: den Geburtstag der Welt, den Beginn des jüdischen Kalenderjahres, den Beginn des säkularen Jahres und das Neujahrsfest der Bäume. Diese Jahreszeiten unterscheiden sich in Israels mediterranem Klima sehr deutlich voneinander. Und Juden vollziehen diesen Wandel der Jahreszeiten in ihrem religiösen Leben bewusst mit. Es ist einmal der Ausdruck tiefer Verbundenheit mit dem Heiligen Land, aber auch ein allgemeiner Hinweis auf unsere ökologische Verantwortung.

Nicht nur Juden ziehen Bilanz über den Zustand unserer Umwelt und machen sich Sorgen über Grundwasserverschmutzung, Treibhauseffekt und globale Erwärmung. Es ist ein zweifelhaftes Vergnügen, wenn wir bis weit in den Januar hinein frühlingshafte Temperaturen erlebt haben. Dann bricht der Winter ganz plötzlich herein und der Frost macht dem aufkeimenden Leben wieder den Garaus. Von *Kyril* (2007) bis *Elon* und *Felix* (2015) haben in den vergangenen Jahren schwere Stürme und Orkane Europa überzogen: Neben Toten und Verletzten verursachten sie Haushalte ohne Strom, Krisenstäbe in den Bundesländern, millionenschwere Euro-Schäden. Das sind deutliche Zeichen: Heilung der Welt ist gefragt. Wir ziehen Trost aus den »Sprüchen der Väter«: So kurz unsere Lebenszeit auch ist und so mühsam die Arbeit auch sein wird: »Es liegt nicht an dir, das Werk zu vollenden, du bist aber auch nicht frei, es zu unterlassen.« Was wir jetzt tun zum Schutz der Umwelt, bereitet den Boden für künftige Generationen.

Heimat

Abraham ist der Stammvater des Judentums. In den Erzvätererzählungen der Genesis ist er die zentrale Figur. Er folgt dem Ruf Gottes und geht in die Fremde, besteht eine Menge Prüfungen und setzt den Brauch der Beschneidung ein, das Bundeszeichen. Jeder, der das Judentum als Religion annimmt, nennt stolz Abraham seinen symbolischen neuen Vater. Und der Psalmist spricht von Israel als dem Volk des Gottes Abrahams. Und doch ist Abraham kein

Israelit. Er ist ein Mann aus Ur in Chaldäa, dem heutigen Irak. Zwar wandert er in das Gebiet des späteren Israel ein und kauft eine Höhle bei Hebron als Grabstätte. Aber eigentlich bleibt er zeitlebens ein Wanderer und Heimatloser. Als Zeuge großer Verheißungen Gottes an Israel ist er für uns Juden unverzichtbar. Aber Abraham ist eigentlich nirgends zu Hause, er ist ein Migrant.

Der Talmud (Schabbat 105a) nennt ihn den König aller Nationen. Denn Gott sagt durch Abraham allen Völkern der Erde Segen zu. So teilen wir Juden Abraham mit der Welt. Allen voran teilen wir ihn mit den Muslimen, deren Stammvater Ismael durch Abraham mit der Nebenfrau Hagar gezeugt worden ist. Besonders bedeutsam ist Abrahams enorme Gastfreundschaft. Als Zeuge des einen Gottes war sein Zelt für jeden offen, seinen Gästen erwies er Freundschaft über alle Maßen.

Der Exeget Raschi (1040–1105) legt Genesis 21,33 so aus: Immer wenn seine Gäste Abraham beim Abschied danken wollten, erwiderte dieser: »Nicht ich bin hier Eigentümer. Es gibt einen Schöpfergott. Ihm sind wir alle Dank für unsere Existenz und unsere Nahrung schuldig.« So wird »Gottes Liebling« zum Anfang von Israels Bund mit Gott ebenso wie zum Unterpfand dafür, dass alle Menschen seine Kinder sind. Abrahams Gastfreundschaft ist Gottes Gastfreundschaft. Und so wie wir alle fast überall auf Erden Fremde sind, finden wir in Gott unsere Heimat und überall dort, wo Gottes Kinder sind.

Deutsche Einheit

1989 erhielt ich die Gelegenheit, während meiner Promotion über Rabbiner Leo Baeck und den deutschen Protestantismus ein Sommersemester an der Sektion Theologie der Karl-Marx-Universität Leipzig zu verbringen. Der Deutsche Akademische Austauschdienst hatte mich ausgewählt, im Mai 1989 zu den ersten 150 Jungwissenschaftlern zu gehören, die im Rahmen des Kulturabkommens mit der DDR ein Austauschprogramm absolvieren. Es war mein erster Aufenthalt in der Deutschen Demokratischen Republik. Es war meine Gelegenheit, aus erster Hand eigene und ganz persönliche Erfahrungen mit dem Leben in der DDR zu machen.

An der Sektion Theologie einer staatlichen Universität, am Lehrstuhl des auch in der Bundesrepublik bekannten und respektierten Kirchenhistorikers Kurt Nowak, befand ich mich gleichzeitig im Schnittpunkt zwischen Kirche und Sozialismus, zwischen Dissidenz und Konvergenz mit dem »Arbeiter- und Bauernstaat«. Ich habe dabei Menschen kennengelernt, die durchaus Säulen des Systems gewesen sind, und gleichzeitig Menschen, für die dieses System keine Verwendung hatte oder die diesem Staat misstraut haben. Vor allem habe ich die DDR in der Normalität des Alltags erlebt. Und dafür bin ich noch heute dankbar.

Damals war nicht absehbar, dass es sich um die letzten Monate der DDR handeln sollte. Ich erlebte diesen Staat im Abgesang. Und doch war mir irgendwie klar, dass ich mich in einem sehr außergewöhnlichen Abschnitt meines Lebens befinde. Deshalb habe ich ein Tagebuch geführt.

7. Mai Tag der Kommunalwahl

Alles redete schon Tage vorher über die Wahl und die Höhe der gültigen Nein-Stimmen. Umso ernüchternder das offizielle Ergebnis: 98 Prozent Ja. Jeder meiner Freunde hat mit viel mehr Enthaltungen und Nein-Stimmen gerechnet. Am Abend erste Tumulte an der Nikolaikirche.

8. Mai

Gegen 18 Uhr treffe ich im Hause der Führers ein *(Michael Führer, der Bruder von Christian Führer, dem Pfarrer der Nikolaikirche, war mein Betreuer an der Universität)*. Abendessen ist angesagt, danach Konzert in der Thomaskirche. Stattdessen schickt mich Michaels Frau Caritas gleich in die Stadt zurück. Ich treffe Michael an der Ecke Ritterstraße. Wir gehen mehrmals um den Nikolaikirchhof und betrachten die Ansammlungen von Staatssicherheit und Bereitschaftspolizei. Es ist Friedensgebet in Nikolai! Mindestens 10 Lastwagen Bereitschaft, rings um die Kirche mindestens 150 bis 200 Stasi-Leute, die mit ihren Schirmen und in ihre Einkaufstüten sprechen. Nach Gottesdienstende bleiben die Beter noch auf dem Platz, um miteinander zu reden. Die Stimmung ist gespannt.

Wegen des harten Vorgehens der Sicherheit am Sonntag will man der Konfrontation aus dem Weg gehen. Aber die Haltung der Polizei ist provokativ-demonstrativ. Dr.

Führer und ich begegnen vielen bekannten Gesichtern, die ebenfalls »spazieren gehen«: Studenten vom kirchlichen Seminar und von der theologischen Sektion, den Superintendenten der Thomaskirche ... und andere. Trotz geladener Stimmung scheint alles friedlich abzugehen. Wir gehen die Ritterstraße Richtung Leuschnerplatz nach Norden, um die dort offen bereitstehenden Mannschaften der Bereitschaftspolizei zu betrachten. Da werden wir schon von ca. 60 Mann überholt: Die Ansammlung von Betern hat sich nämlich in Bewegung gesetzt, um den Nikolaikirchhof zu verlassen. Blitzschnelles Eingreifen der Bereitschaftspolizei macht den ausgeklügelten Einsatzplan deutlich: alle Zugänge zum Platz werden abgesperrt. Die eingekesselte Menge staut sich.

Michael und ich haben es nicht mehr auf die »andere Seite« geschafft. Wir bleiben also Beobachter. Seitlich kann sich die Stasi durchschleusen, dann ist die Mauer dicht. Heftiges »Hey, hey, hey«-Rufen – verbunden mit rhythmischem Klatschen – ist die Antwort der eingeschlossenen Menge. Ziel der Aktion: Zerstreuung der Menge und Einschüchterung. Ich bemerke Kameras auf den umliegenden Dächern, fotografierende Stasi, Michael und ich sind gleich mehrfach drauf. Kamerateams undefinierbarer Herkunft. Die ARD war an der Stadtgrenze zurückgewiesen worden. Es muss sich also um DDR-Kräfte handeln. Dafür spricht, dass ihre Arbeit unbehelligt bleibt.

Taktik der Zerstreuung der Menge: Durch die Theaterpassage können *peu à peu* die Menschen den Platz verlassen, schließlich öffnen sich einige Absperrungen wechselweise; alles scheint einem Plan zu folgen. Es ist 19 Uhr geworden. Wir denken, alles mitbekommen zu haben. Aber ich zögere noch, zur Thomaskirche zu gehen. Da sehe ich einen flüchtigen Bekannten am halb geöffneten Kordon der Polizei an der Löwenapotheke gegenüber dem Fürstenerker: er ist Student am Seminar und spricht mit einem der Polizeioffiziere. Als der Wortwechsel abbricht, gehe ich zu ihm. Seine Fragen nach Leitung und Grund des Einsatzes waren unbeantwortet geblieben. Und noch jemand anderer geht auf den Offizier zu, fragt, warum man auf solche Nachfragen keine Antwort bekommt.

»Provozieren Sie doch nicht immer«, ist die Entgegnung.

Ganz schnell eskaliert die Situation: mein Bekannter mischt sich ein, wird daraufhin gepackt und zur Grünen Minna geschleift. Daraufhin setzt sich der andere vor den Wagen, und andere setzen sich solidarisch dazu. Bevor die Gruppe von Polizei umzingelt wird, trete auch ich in den Kreis. Vielleicht kann meine Beteiligung Schlimmes abwenden, jedenfalls wedele ich mit meinem Ausweis des Ministeriums für Hoch- und Fachschulwesen.

Ein Lastwagen wird gerufen und wir Sitzstreikenden gewaltsam aufgeladen. Michael ruft, dass er sich um alles kümmern werde. Aber dann lässt man mich doch schließlich zurück. Der Lastwagen bahnt sich einen Weg durch die eingeschüchterte Menge. Wir bleiben wie begossene Pudel zurück. Einer ruft noch »Solche Kindereien«. Aber Proteste werden jetzt schnell mundtot gemacht. Später erfahren wir, dass die Verhafteten eine ganze Nacht im Gang stehend auf ihre Freilassung warten mussten.

Ich fühle mich hilflos und wütend. Wieder werden wir fotografiert. Michael Führer springt auf den Mann zu und bittet keck um einen Abzug. Meine Analyse von damals: Menschen bedrückt hier nicht mangelnde Versorgung. Es ist die mangelnde Freiheit, seine Meinung zu äußern, es ist die Wut über den dreisten Wahlbetrug, es ist die Angst, bald auch nicht mehr nach Ungarn reisen zu können, wenn dort die Grenzanlagen abgebaut werden.

9. Mai

Den ganzen Vormittag in der Deutschen Bücherei verbracht und Leihscheine ausgefüllt. Am Nachmittag dann Thomas S. im Leiterkreis der FDJ Lindenau getroffen, wir tagen im Haus der Volkskunst. Auch dort wird Unmut über den Wahlausgang laut. Man ist frustriert über die offensichtliche Stimmfälschung. Nach der Sitzung gehe ich mit Thomas nach draußen. Ich sage ihm, wie aufgebracht ich bin über mein Erlebnis an der Nikolaikirche. Und dass ich ihn nicht verstünde, wie man SED-Mitglied sein könne angesichts der diktatorischen Zustände hier. Thomas gibt zurück: er wisse, dass die DDR eine Diktatur sei. Und fort ist er mit dem Rad.

Soweit meine Aufzeichnungen aus dem Mai 1989.

Die DDR war eine Nation in der UN. Aber sie ist untergegangen. Sie ist gescheitert an ihren eigenen Widersprüchen. Mit ihrer Willkür gegenüber den Menschen konnte diese Diktatur niemanden mehr überzeugen. An jedem 3. Oktober feiern wir den Rechtsstaat, die Freiheit jedes Einzelnen von uns und die glücklich gewonnene Einheit des deutschen Volkes.

Index der Beiträge

Adolf von Harnack 143

Benedikt XVI. 135
Beten 55
Beten für einen Freund 138
Bibelkritik und Aufklärung 69

Das Judentum in der Moderne 62
Dem Frieden nachjagen 176
Deutsche Einheit 192

Ein Ketzer als Brücke 140
Ein Muslim mit Chuzpe 127
Einander begegnen und
Unterschiede aushalten:
Im Gespräch mit Protestanten 101
Einer von uns 58
Erfolgskonzept Toleranz 70
Ethik und Erwählung 41
Ethik und Ritual 43

Finanzmarktkrise 188
Frauen im Amt 86
Frei durch das Gesetz 39

Gemeinsamkeiten betonen –
Unterschiede respektieren: Im
Gespräch mit Muslimen 108
Gerechtigkeit und Barmherzigkeit 175

Gewissen im Judentum 170
Gleichheit und Menschenrechte 183
Gott der Vater 47
Gottesleugnung 49

Heimat 190
Heimat in der Fremde 162
Heute Jude sein 24
Homosexualität 85

Israel und die Diaspora 154

Jesus – Brücke oder Hindernis? 123
Jüdische Theologie 71

Kein Personenkult 52
Keine Judenmission 120
Karfreitagsfürbitte 131
Kompetenz und Verantwortung 90

Logik und Mystik 144

Martin Luther 141
Messias 53
»Mischehen« 88

»Nächstes Jahr in Jerusalem« 163
Niemand sonst 165

Öffentliche Religion 82
Ökonomie und Ethik 185

Paulus 129
Pessach und Ostern 130
Proselyten 147

Reform 56
Religionskritik 50

Seitenwechsel unter Brü-
    dern 148
Siebzig Jahre 166
Sinn und Glück 35
Stammzellforschung 83

Theologie an der Universität 73

Umweltschutz 189
Universitätsstudium für
    Geistliche 74
Unrast und Besinnung 46
Unter Freunden 122

Veränderungen würdigen – den
    Dialog suchen: Im Gespräch
    mit Katholiken 94
Verbindendes und Trennen-
    des 119
Vermächtnis 150
Vernunft und Geschichte 76

Wahrheit 34
Wahrheit und Frieden 178
Was treibt uns an? 133

Warum bin ich Jude? 33
Was glücklich macht 37
Wertegemeinschaften 145
Wessen Werke sind schöner? 44

Zeugen 59

Personenverzeichnis

A

Abu Ishaq al-Shatibi 115
Akiba, Rabbi 44, 45, 46
Ascher, Saul 140
Aslan, Reza 126, 127
Auerbach, Meir 186
Augustinus 141

B

Baeck, Leo 10, 11, 27, 28, 32,
    35, 40, 65, 77, 137, 139, 140,
    142, 149, 150, 163, 171, 174,
    178, 192
Bayezid II., Sultan 163
Ben-Chorin, Schalom 18, 77,
    105, 106
Benedikt XVI., Papst 21, 76,
    77, 78, 79, 80, 81, 98, 118,
    121, 125, 127, 131, 133, 134,
    136, 137
Benoist, Alain de 184
Ben Soma, Schimon 38, 174
Bernfeld, Simon 44
Blau, Yaakov Yeshaya 186
Blue, Lionel 58, 59
Bokser, Ben Zion 77
Bonaparte, Jérôme 57
Bonaparte, Napoleon 57, 155
Borowitz, Eugene B. 72
Brandt, Henry G. 6
Buber, Martin 77

C

Carmichael, Joel 77
Cerić, Mustafa 118
Clermont-Tonnerre, Stanislas
    Marie Adélaide 155
Cohen, Hermann 54, 81
Coyne, Jerry 43
Crescas, Chasdai 145

D

Dalrymple, William 113
Delitzsch, Franz 7
Dienemann, Max 31, 87
Domin, Hilde 164

E

Ederberg, Gesa 149
Ehrlich, Ernst Ludwig 77
Eilberg, Amy 87
Eisler, Robert 77
Elieser ben Hyrkanus 41, 42

F

Fabian, Hans-Erich 30
Flusser, David 77, 103
Franziskus, Papst 22, 100, 138,
    139
Führer, Christian 193

G

Galinski, Heinz 29

Gaon, Saadia 60, 179
Geiger, Abraham 26, 33, 52, 74, 77, 81, 103, 108, 127, 141, 144
Geis, Robert Raphael 77
Gerschom ben Juda, Rabbi 145
Gunkel, Hermann 75

H
Halevi, Jehuda 144
Hanke, Gregor Maria 165
Hardenberg, Karl August von 57
Harnack, Adolf von 81, 142
Herzl, Theodor 166
Heschel, Abraham Josua 119
Hillel, Rabbi 62, 179, 180, 187
Hirsch, Samson Raphael 52
Hoffman, Anat 159
Huber, Wolfgang 149
Hume, David 42
Hurwitz, Sara 87

J
Jackelén, Antje 86
Jacobs, Louis 72
Jacobson, Israel 56, 57
Jacob, Walter 18
Jepsen, Maria 148
Jochanan, Rabbi 66
Johannes Paul II., Papst 97, 98, 99, 134, 135, 148
Jonas, Regina 26, 83, 87
Josua ben Chananja 42
Justinian, Kaiser 145

K
Kapellari, Egon 121
Karo, Joseph 186
Kasper, Walter 132
Kelsen, Hans 42
Klausner, Joseph 77
Knobloch, Charlotte 135
Koch, Kurt 98
Kohler, Kaufmann 34, 41

L
Lapide, Pinchas 77
Leberecht-Strack, Hermann 7
Lefebvre, Marcel 184
Lehmann, Karl 119, 120
Lessing, Gotthold Ephraim 57, 69
Lewin, Reinhold 11
Ludwig I., König 141
Ludwig XIV., König 70
Lustiger, Aron Jean-Marie 148
Luther, Martin 9, 10, 11, 101, 103, 128, 140, 141
Luzzatto, Mosche Chaim 37, 38, 46, 185

M
Maccoby, Hyam 77
Magonet, Jonathan 118
Maharal (Rabbi Judah Löw) 134
Maimonides, Moses 25, 42, 49, 52, 53, 54, 94, 116, 132, 144, 145
Mannheimer, Isaak Noah 57

Maoz, Asher 71
Maybaum, Ignaz 64
Mendelssohn, Moses 52, 57
Metzger, Yona 135
Montagu, Lily H. 26, 87
Montefiore, Claude G. 77

N
Neusner, Jacob J. 76, 78
Niewiadomski, Jozef 184
Nowak, Kurt 192

O
Odenberg, Christina 86

P
Papo, Eliezer 145
Pelagius 140
Philippson, Ludwig 64
Priesand, Sally 87, 88

R
Rade, Martin 75
Raschi (Salomo ben Isaak) 191
Ratzinger, Joseph *vgl. Benedikt
    XVI.*
Reimarus, Hermann Samuel 69
Robbe, Reinhold 161
Rosenzweig, Franz 51
Rousseau, Jean-Jacques 40

S
Sandmel, Samuel 77
Sasso, Sandy 87
Schammai, Rabbi 179, 180

Schiller, Friedrich 141
Schleiermacher, Friedrich
    Daniel Ernst 103
Schneerson, Menachem Mendel
    53
Schneur Salman, Rabbi 62
Schoeps, Hans-Joachim 77
Schönborn, Christoph 77, 100
Schonfeld, Julie 88
Schuler, Helmuth 14
Segni, Riccardo di 135, 148
Signer, Michael A. 76
Sjöstrand, Lena 87
Spitzer, Toba 88
Stein, Edith 94
Sulzer, Salomon 58

T
Taus, Josef 121
Theodosius, Kaiser 94
Treiger, Alina 88
Tschernikowsky, Saul 68
Tück, Jan-Heiner 98, 99

V
Victoria, Prinzessin (Schweden)
    87

W
Weinberg Dreyfus, Ellen 88
Wellhausen, Julius 78
Wengst, Klaus 125
Williamson, Richard 135
Wulff, Christian 83
Wyschogrod, Michael 77

Y

Yoffie, Eric 177

Z

Zarfati, Isaak 163
Zunz, Leopold 51, 141

Quellen

S. 24: Heute Jude sein: Bearbeitete Textgrundlage: »Was liberale Juden glauben: Tradition leben in der Moderne«. Eröffnungsrede zur Woche der Begegnung 2015, Altes Ratshaus Potsdam.

S. 62: Das Judentum in der Moderne: Bearbeitete Textgrundlage: »Der Tradition treu – und offen für den anderen«, in: Der Tagesspiegel, Berlin 21. April 1999.

S. 94: Veränderungen würdigen – den Dialog suchen: Bearbeitete Textgrundlage: »Heiligung des göttlichen Namens. Jüdische Märtyrer, die schrecklichen Wunden der Geschichte und das Gespräch mit Christen heute«. Vortrag bei der Stiftung »Pro Oriente« in Wien.

S. 101: Einander begegnen und Unterschiede aushalten: Bearbeitete Textgrundlage: »Voneinander Glauben lernen – Im Bewusstsein des religiösen Eigenwerts«, Predigt zum Israelsonntag in der Oberpfarr- und Domkirche Berlin, 12. August 2012.

S. 108: Gemeinsamkeiten betonen – Unterschiede respektieren: Bearbeitete Textgrundlage: »Von der Zukunft des *Common Word:* Optionen für ein jüdisch-christlich-islamisches Gespräch«, in: Engin / Reder (Hgg.), Wandel durch Dialog. Gesellschaftliche, politische und theologische Aspekte des Dialogs zwischen Islam und Christentum, Stuttgart 2014.

S. 154: Israel und die Diaspora: Bearbeitete Textgrundlage: »Europa ist die dritte Säule. Die Bedeutung Israels und der Diaspora für das Judentum«, Impulsreferat bei der DIG Hannover 2012.

S. 192: Deutsche Einheit: Bearbeitete Textgrundlage: Festrede zum Tag der Deutschen Einheit, Potsdam 2014.

Alle anderen Texte dieses Bandes beruhen auf bearbeiteten Beiträgen von Rabbiner Homolka, die zuerst in der österreichischen Wochenzeitschrift »Die Furche« veröffentlicht wurden.

Zur Person des Autors

WALTER HOMOLKA, geb. 1964, PhD (King's College London 1992), PhD (University of Wales Trinity Saint David 2015), DHL (Hebrew Union College-Jewish Institute of Religion New York) ist deutscher Rabbiner.

- Professor für Jüdische Religionsphilosophie der Neuzeit, Schwerpunkt Denominationen und interreligiöser Dialog, der Universität Potsdam
- Geschäftsführender Direktor der School of Jewish Theology der Universität Potsdam
- Mitbegründer und Rektor des Abraham Geiger Kollegs an der Universität Potsdam sowie Geschäftsführer des Zacharias Frankel College an der Universität Potsdam
- Chairman der Leo Baeck Foundation – Stiftung in Brandenburg
- Direktor des Ernst-Ludwig-Ehrlich-Studienwerks – Jüdische Begabtenförderung
- Mitglied im Executive Board der World Union for Progressive Judaism Jerusalem sowie Vizepräsident der European Union for Progressive Judaism London
- Mitglied im Direktorium des Zentrums Jüdische Studien Berlin-Brandenburg, des Stiftungsrats der Eugen-Biser-Stiftung München, des Gesprächskreises Juden und Christen beim Zentralkomitee der deutschen Katholiken.
- Seit 2003 ist Walter Homolka Vorsitzender des Kuratoriums der Ursula-Lübbe-Stiftung. Seit 2012 Mitglied des Vorstands des Gustav Mahler Jugendorchesters Wien. Er war Mitglied im Jewish Studies Advisory Board der Princeton University, Fellow des Moses Mendelssohn Zentrums für europäisch-jüdische Geschichte Potsdam und German Marshall Fund Fellow, außerdem stellvertretendes Stiftungsratsmitglied der Berliner Philharmoniker, Mitglied der Hessischen Kulturkommission und Mitglied des Aufsichtsrates der Österreichischen Bundestheater Holding. Walter Homolka ist Oberstleutnant der Reserve beim Bundesverteidigungsministerium.